Study Tour Guide
スタディーツアーガイド①

台湾へ行こう！
見えてくる日本と見えなかった台湾

藤田賀久

えにし書房

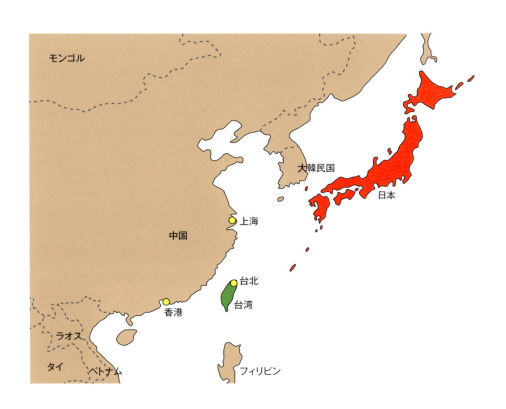

はじめに——もう一歩、台湾に踏み込むために

　台湾は日本から近くて渡航費も手ごろ、海外なのにどこか懐かしく、夜市は美味しく、人々は優しく親切、治安も良好で、日本人に人気の旅行先です。台湾に魅了され、リピーターとなった人もたくさんいます。

　ビジネスや文化面でも日本と台湾は深く結びついています。高校や大学も台湾へのスタディツアーを積極的に展開し、現地の学校や施設を訪問して交流を重ねています。こうした日台関係の密度の濃さを反映して、台湾に関するガイドブックも多く出版されています。これらと比べると、本書はかなり硬派なガイドブックに仕上がったと思います。

　本書は、台湾リピーターや教育機関のスタディツアー企画担当者との議論から生まれました。わずかでも事前知識があれば、街角を歩いているときに見える景色が違ってきます。たとえば、台湾の至る所に残る「過去の日本」に気づけば、日本と台湾の深い結びつきに足を止めたくなります。このように、台湾の社会や歴史を一歩踏み込んで考えるための手引きがないだろうか。こうした要望に応えようとした結果が本書です。

　今、台湾各地では、市民団体や自治体が積極的に郷土の歴史を探究しています。戒厳令解除や民主化の進展によって、台湾人は自らの過去を問い、台湾とは何かを考えているのです。本書は、こうした台湾人と並走しながら執筆を重ねました。

　もっとも、東海岸や原住民など、台湾を考える上で重要なテーマであるにもかかわらず、紙面の都合から割愛せざるを得ない記事が多くありました。こうした点は、いずれ「もっと踏み込む台湾」として紹介したいと考えています。

2018年9月　藤田賀久

台湾へ行こう◇目次◇

はじめに——もう一歩、台湾に踏み込むために……………………………………… 3

台北の官庁街………………………………………………………………………… 11
 中華民国総統府（旧台湾総督府）　11／中華民国監察院（旧台北州庁）　12
 中華民国司法院　13／中華民国立法院　13
 中華民国行政院（旧台北市役所）　14／中山堂（旧台北公会堂）　14

コラム　老房子文化運動……………………………………………………………… 15
 旧廈門街派出所　15／錦町日式宿舎とその周辺　16
 陽明山美軍宿舎群　17／市長官邸藝文沙龍　17／一號糧倉　18
 旧台湾総督府交通局鉄道部、および鉄道部長宿舎　18

西本願寺広場（浄土真宗本願寺派台湾別院跡）………………………………… 19

コラム　台北に残る日本の仏教寺院……………………………………………… 22
 台北天后宮　22／臨済護国禅寺　23／台北法華寺　23
 善導寺　23／東和禅寺　23

剝皮寮………………………………………………………………………………… 24

自来水博物館（旧台北水道水源地）……………………………………………… 26

圓山水神社…………………………………………………………………………… 29

国立台湾大学と磯永吉小屋………………………………………………………… 30

四四南村……………………………………………………………………………… 32

コラム　「眷村」（軍人村）を訪ねよう…………………………………………… 34
 1　桃園市　亀山眷村故事館とその周辺　36／忠貞新村（雲南村）　37
     馬祖新村と馬祖新村眷村文創基地　37
 2　新竹市　新竹眷村博物館　38
 3　台中市　台中市眷村文物館　39
 4　台南市　40
 5　高雄市　高雄市左営区の眷村群　41／黄埔新村（高雄市鳳山区）　42
     楽群新村（高雄市岡山区）　43
 6　屏東市　青島路の勝利新村と空軍の眷村群　44／雲鵬社区　44

二二八事件……………………………………………………………… 45
　　　台北二二八紀念館　46／二二八国家紀念館　46

景美人権文化園区（旧警備総司令部軍法処看守所）……………… 47
　　　関連施設　緑島人権文化園区　50

両蒋文化園区…………………………………………………………… 51

桃園神社（大谷優介・寄稿）………………………………………… 55

コラム　台湾に残る神社の足跡（大谷優介・寄稿）………………… 58
　　　黄金神社（金瓜石社）　59／通霄神社　60／鹿野神社　60
　　　末廣社（ハヤシ百貨店）　61／新城神社（新城天主堂）　62
　　　「神社」の再評価　63

黒蝙蝠中隊文物陳列館………………………………………………… 65

台中の街………………………………………………………………… 68
　　　台中市政府庁舎（旧台中州庁）　68／台中駅旧駅舎　69
　　　旧台中市役所　69／台中市政府警察局第一分局（旧台中警察署）　69
　　　台中文学館　70／台中神社跡　70／彰化銀行本店と行史館　71
　　　台湾太陽餅博物館　71
　　　台中市郊外の歴史スポット　72

宝覚禅寺………………………………………………………………… 73

嘉義の街………………………………………………………………… 76
　　　北門駅　76／檜意森活村（Hinoki Village）　77
　　　台湾野球の故郷めぐり　78
　　　嘉義公園　79／獄政記念館（嘉義旧監獄）　79

国家広播文物館………………………………………………………… 81

烏山頭ダムと嘉南大圳………………………………………………… 85

台南の街 …………………………………………………………………… 89

  国立台湾文学館（旧台南州庁）　89 ／台南市議政資料館（旧台南州会）　90
  林百貨（ハヤシ百貨店）　90 ／台南駅　91 ／旧台南警察署（台南州警察署）　91
  嘉南農田水利会（旧嘉南大圳組合事務所）　91 ／旧台南州知事官邸　92
  葉石濤文学記念館（旧台湾総督府山林事務所）　92 ／国立司法博物館（旧台南地方法院）　93
  文創PLUS台南創意中心（旧愛国婦人会台南支部）　93
  土地銀行台南分行（旧日本勧業銀行台南支店）　94
  忠義国小の図書館（元台南神社社務所）　94 ／赤崁楼（プロヴィンシア城）　95
  気象博物館（旧台南測候所）　95 ／台南合同庁舎　96 ／鄭成功祖廟　96
  台南市の歴史スポット　97

ゼーランディア城と安平の街 …………………………………………… 99

  ゼーランディア城　99 ／徳記洋行　102 ／夕遊出張所　103

湯徳章紀念公園と湯徳章 ………………………………………………… 104

コラム　台湾と台湾人が主人公の歴史 ………………………………… 107

高雄の街 …………………………………………………………………… 108

  左営地区 ― 鳳山旧城と海軍の街
    鳳山旧城　109 ／左営海軍基地とその周辺　110
  鳳山地区 ― 清朝時代の鳳山新城と陸軍の街
    鳳山新城　111 ／鳳儀書院　111
    旧日本海軍鳳山無線電信所　112

哈瑪星 ……………………………………………………………………… 113

  打狗文史再興會社　113 ／打狗鉄道故事館　114 ／高雄市武徳殿　114
  紅十字育幼中心（元愛国婦人会館）　115 ／旧高雄警察署　115
  山形屋書店　115
  哈瑪星近くの見どころ　高雄市立歴史博物館　116
         旧高雄鼓山第二公有市場（旧田町斎場）　116

コラム　武徳殿 …………………………………………………………… 117

  大溪武徳殿（桃園）　118 ／龍潭武徳殿（桃園）　118
  彰化武徳殿（彰化）　118 ／台中刑務所演武場（台中）　119
  南投武徳殿（南投）　119 ／台南武徳殿（台南）　119
  新化武徳殿（台南）　120 ／旗山武徳殿（高雄）　120 ／高雄市武徳殿　120
  そのほかの武道場　121

戦争と平和記念公園主題館……………………………………………………… 122

柯旗化故居……………………………………………………………………… 124

コラム　鉄道から見えてくる台湾の歴史と素顔　（平賀 匡・寄稿）………… 127
　　1　台湾鉄道の発達史　127
　　2　台湾新幹線の開業　129
　　3　サトウキビ鉄道　130
　　4　台湾のローカル線　阿里山森林鉄路　130／平渓線・深澳線　131
　　　　　内湾線・六家線　131／集集線　132
　　5　台湾の鉄道保存施設　苗栗鉄道公園　132／彰化扇形車庫　133
　　　　　打狗鉄道故事館　133／台北機廠（建設中）　133
　　6　台湾の動態保存車両　CK100形蒸気機関車：CK101号機　134
　　　　CK120（C12）形蒸気機関車：CK124号機　134
　　　　CT270（C57）形蒸気機関車：CT273号機　135
　　　　DT650（D51）形蒸気機関車：DT668号機　135
　　　　DR2700形気動車　136

コラム　湯けむりがつなぐ台湾と日本　（大谷優介・寄稿）…………………… 137
　　1　台湾と温泉 ── その歴史　137
　　2　台湾「的」温泉の特徴　138
　　3　台湾式の入浴法　140
　　4　筆者のオススメ温泉　6番勝負
　　　　①金山温泉（新北市）　140／②烏来温泉（新北市）　141
　　　　③関子嶺温泉（台南市）　142／④四重渓温泉（屏東県）　143
　　　　⑤瑞穂温泉・紅葉温泉（花蓮県）　143／⑥金崙温泉（台東県）　144

コラム　北投・陽明山の歴史散歩　（大谷優介・寄稿）………………………… 145
　　1　北投温泉　MRT新北投駅〜温泉公園エリア　146
　　　　温泉公園〜地熱谷エリア　148
　　　　上北投（温泉路・幽雅路）エリア　149／中心新村エリア　150
　　2　陽明山温泉　前山公園エリア　152／中山樓エリア　154
　　　　後山公園エリア　154／金山エリア　156

金門島……………………………………………………………………………… 157

台北の官庁街

威風堂々たる日本統治時代の建築物

地域：台北

　270万人の人口を有する台北市。新北市（400万人）、桃園市（210万人）、基隆市（37万人）と隣接するアジアの主要都市であり、中華民国の首都機能を有する。

　台北の中央官庁は、多くが日本統治時代（1895〜1945年）の建築物を現在も利用している。いずれも荘厳な外観を有しており、見るだけでも楽しいが、できれば内部を見学したい。しかし、官庁という性格から、開放日は限られており、行事などがあると見学不可となる。したがって、参観にあたってはあらかじめウェブサイトや電話などで確かめておきたい。身分証としてパスポートの提示が求められる場合があるので、常に携帯しよう。

中華民国総統府（旧台湾総督府）

　日本時代は台湾統治の司令塔であった「台湾総督府」庁舎。1919年に竣工した。現在は総統府として台湾政治の中枢の役割を担っている。赤レンガと白い線、中央の塔が印象的な台湾を代表する建築物である。

　設計にあたっては、日本初のコンペ形式が採用された。後藤新平の提案だといわれている。1,000人が仕事可能なスペースの確保が条件であった。コンペで選ばれたのは長野宇平治（1867〜1937年）のデザインであった。長野は、日本銀行小樽支店（現在、日本銀行旧小樽支店金融資料館）や日本銀行京都支店（現在、京都文化博物館別館）などを設計した建築家であり、辰野金吾（1854〜1919年、東京駅や日本銀行本店等の設計で有名）の弟子であった。ただし、実際に台湾総督府が

建てられる際には、長野の原案よりも中央の塔が高く変更され、原案になかった台湾初のエレベーターが導入されている。

太平洋戦争終盤の1944年10月と翌年5月に米軍機が飛来し、空襲で建物が破損した。「光復」（台湾が日本から中華民国に復帰すること）後に修繕され、1946年には蔣介石の還暦を祝賀する「介寿館」と命名された。1950年から中華民国総統府となる。1957年までは行政院も同居していた。

平日午前は基本的に一般公開されており、日本語に堪能な台湾人ボランティアが案内してくれる。

住所：台北市中正区重慶南路1段122号
https://www.president.gov.tw
電話：02-23113731

中華民国監察院（旧台北州庁）

「台北州庁」として1915年に竣工。台北州とは現在の台北市・新北市・宜蘭県・基隆市を含む日本統治時代の行政区分である。設計者は森山松之助（1869～1949年）。森山は東京帝国大学建築学科で辰野金吾に師事、1906年から1921年まで台湾総督府営繕課に勤務した。台湾総督府交通局鉄道部のビル（→18ページ）、台北水源地水道ポンプ室（→26ページ）、台中州庁（→68ページ）、台南州庁（→89ページ）、台南地方法院（→93ページ）など、台湾に多くの建築を残している。

「光復」後の1958年に監察院となり現在に至る。監察とは、中華民国憲法の「五権分立」に基いて、弾劾（国家機関や公務員の不正をただす）、会計監査、国勢調査を行う機関である。毎週金曜日に見学可能。9～12時と14～17時にはガイドツアーがある。台北駅から徒歩圏内なので、外観だけでも見たい。荘厳な存在感に驚くはずだ。

住所：台北市中正区忠孝東路1段2号
https://www.cy.gov.tw/
電話：02-23413183

中華民国司法院

総統府の南側に位置する。かつてこの地には清朝時代の関羽廟があったが、日本統治時代の1929年に取り除かれ、1934年に現在の司法大廈が建てられた。台湾総督府の官房営繕課に務めていた井出薫（1879～1944年）が設計責任者。井出は、台北市役所、台北公会堂（→14ページ）、台湾教育会館（→46ページ）も残している。当初は3階建て、1977年に4階部分が増設された。

日本統治時代には高等法院、検察局、台北地方法院が入り、「光復」後は司法院と最高法院となる。最高法院は1992

年に別の地に移転している。

個人見学は受け付けていないが、台湾の司法行政の解説や模擬法廷を見学する団体向けのツアーがある。申し込みは1ヵ月前までに司法院公共関係処に問い合わせること。

住所：台北市中正区重慶南路1段124号
http://www.judicial.gov.tw/index.asp
電話：02-23618577

中華民国立法院

監察院の南隣、中山南路（日本統治時代の「三線道路」）沿いに建つ（立法院とは日本の国会に相当する）。日本風の瓦を戴く赤レンガの建物は1927年竣工の「台北州立第二高等女学校」校舎。議事堂（立法院議場）は中庭に新しく設けられた。2014年3月、中国との「海峡両岸サービス貿易協定」批准に反対した学生達が占拠した「ひまわり学生運動」の記憶はまだ新しい。

2017年9月からはボランティアガイ

ドが登場。内部は立法院院区、中南部服務中心（サービスセンター）、議政博物館に分かれている。開放日時は事前に電話で確認したい。

住所：台北市中正区中山南路1号
https://www.ly.gov.tw/
電話：02-23585738

中華民国行政院（旧台北市役所）

　中央大楼は井出薫の設計で1940年の竣工、1941年に台北市役所となる。他の官庁建築と比べて外見が簡素なのは、長引く日中戦争で資源枯渇が深刻であったからだといわれている。外壁ベース部分の白い御影石は日本から運ばれた。茶色の煉瓦で覆われた地味な外観は空襲の標的とならないための「国防色」であった。

　「光復」後は台湾省政府が入る。しかし省政府は1957年に台湾中部の南投市に新設された新省都「中興新村」に転出した。代わりに行政院が総統府から転入してきた。見学は金曜日の9〜16時に限られ、3人以上の場合は2日前までにネットで申し込む必要がある。

住所：台北市中正区忠孝東路1段1号　　電話：02-33221699　（月〜金　9時〜17時）
https://www.ey.gov.tw/eyvisit/　（行政院　院区開放参観ページ）

中山堂（旧台北公会堂）

　官庁ではないが、台湾史にとり非常に重要な建物である。井出薫の設計で1936年に竣工、当時は台北公会堂であった。

　日本敗戦後、日本は台湾統治の権限を連合国（実質的には中華民国）に譲渡する。その式典が行われた場である。正式には「中国戦区台湾省降伏受諾式典」、日本側代表は安藤利吉（台湾総督兼台湾軍司令官）、中華民国代表は陳儀（台湾省行政長官兼台湾省警備総司令部総司令）。1945年10月25日午前11時のことであった。

　この式典会場は現在は「光復庁」と呼ばれる収容人数500人（座席付）のホールである。事前に申し込めば日本語ガイドが案内してくれる。玄関前には「抗日戦争勝利」と「台湾光復」の記念碑もある。併せて見学したい。

住所：台北市延平南路98号　　電話：02-23813137
http://www.zsh.gov.taipei

> コラム

老房子文化運動

古民家を中心に復活させる台北市の取り組み

　台北市内には日本統治時代に建てられた建築物が現在もたくさんあります。博物館や警察署、役所、学校の校舎などは今も大切に利用されています。

　しかし、民家や小規模店舗といった小さな建物は、老朽化や市街地の再開発などで多くが失われました。現在残っている日本家屋も、多くは適切な管理や修復を受けず、残念ながら廃墟と化しています。

　こうした古い建物に歴史的価値を認めて保存する動きがあります。その旗振り役は台北市文化局であり、2012年に「老房子文化運動」(「老房子」は古い家屋のこと) をはじめました。修復費用の補助や税金負担を軽減し、さらには民間企業と組んでリノベートする試みです。その結果、台北市内では古民家などが美しく蘇り、新たな観光資源となっています。

　台北市文化局「老房子文化運動」ウェブサイト　http://oldhouse.taipei/zh-tw

旧厦門街派出所

　1936年に竣工した当時はコンクリート2階建て。日本統治時代は台北南警察署に所属する川端町派出所。「光復」後は3階が増築され、厦門街派出所と改名されて警察が利用しました。2011年に台北市政府環境保護局に譲渡され、2015年に歴史建築として登録されています。幽霊が出るという新聞記事が時々あったように、一時は荒れ果てていました。現在は改修工事が進められ、将来は歴史資料室として活用される予定です。

住所：台北市中正区厦門街94号

錦町日式宿舎とその周辺

　台北有数の観光スポットである国立中正紀念堂の裏手から大安森林公園までのエリアには日本統治時代に建てられた和風建築が多く残っています。特に「錦町」と呼ばれた金華街周辺には、台湾総督府殖産局山林課の職員宿舎群が残っています。昭和初期の建築様式を留めていることから歴史遺産に認定され、現在では修復が検討されています。

　この付近にはすでにリノベートされた日本建築がいくつかあります。例えば「楽埔町」は、台北市文化局と立偕生活文化グループの協力により和風建築と日本庭園を蘇らせ、創作レストランとして活用しています。

　旧錦町から少し東に進むと、かつて「昭和町」と呼ばれた青田街が広がります。このエリアは台北帝国大学の日本人教員が多く住んでいました。中でも「青田七六」は、台北国立大学で教鞭をとった農学者の足立仁（1897〜1978年）が1931年に建てた家屋です。戦後は、足立教授の親友であった台北大学地質学科教授の馬廷英が入居しました。2006年に市が古跡に認定し、今では和食店となって多くの観光客を引き寄せています。

　近所には、やはり日本人教員の宿舎をリノベートした和風喫茶店「青田茶館」があります。他にも多くの日本建築が残され、昭和日本を感じることができます。

台北市大安区金華街84-90号、杭州南路2段61巷33-51号付近

楽埔町
　住所：台北市大安区杭州南路2段67号
　電話：02-23951689
青田七六
　住所：台北市大安区青田街7巷6号
　電話：02-89787499
青田茶館
　住所：台北市大安区青田街8巷12号
　電話：02-23967030

陽明山美軍宿舎群

　1950年代に建てられた約150棟のアメリカ風建築が陽明山の中国文化大学に隣接して残っています。これらは台湾に来たアメリカ軍（中国語では「美軍」）の軍事顧問団高官の住居でした。高官以外は麓の天母に住みました。

　1949年、蒋介石率いる中華民国国民政府は共産党に敗れて大陸を追われ、台湾に「遷台」してきました。アメリカは蒋介石援助を打ち切りましたが、朝鮮戦争（1950～53年）が勃発すると支援を再開し、1954年には米華相互防衛条約を締結します。この条約に基づいて、アメリカ軍の軍事顧問団が台湾に来ました。

　しかし、1979年にアメリカは中国と国交を結び、台湾と断交しました。そして、軍事顧問団も撤退することになりました。

　現在、台北市文化局と民間企業が協力して陽明山美軍宿舎群の再利用を進めています。特に元米軍クラブは「BRICK YARD 33 1/3　美軍倶楽部」というレストランになりました。軍事顧問団が滞在した50～70年代の写真が展示されています。

陽明山美軍倶楽部
　住所：台北市士林区凱旋路49号
　電話：02-28618282
　http://www.by33.com.tw

市長官邸藝文沙龍

　1940年に台北市長官邸として建築された庭付き和風建築。「光復」後も1994年12月に任期を終えた黄大洲市長に至るまで、歴代市長が公邸として住みました。ここに住まずに一般公開を決断したのは後に総統となる陳水扁市長（市長在任：1994～1998年）でした。今はレストランと各種セミナーを開催する芸術文化センターが入っています。

住所：台北市中正区徐州路46号
電話：02-23929510
http://www.mayorsalon.tw

一號糧倉

　日本統治時代に造られた穀物備蓄用の木造倉庫。2016年に、1階はMIT（Made In Taiwan）商品を売る店舗、2階はレストランバーとなりました。太平洋戦争の空襲でついた弾痕も残っています。「楽埔町」の2号店です。

住所：台北市松山区八徳路2段346巷3弄2号　　電話：02-27751689

旧台湾総督府交通局鉄道部、および鉄道部長宿舎

　台北駅の西側は、大規模なリニューアル工事が進行中です。最近、高架道路や雑多な建物が取り除かれ、これまで隠れていた赤レンガの洋館が姿を現しました。これは1919年竣工の台湾総督府交通局鉄道部ビルで設計者は森山松之助です。2006年より台湾博物館による修復がはじまり、2019年に「鉄道部博物館」としてオープンが予定されています。修復には日本の瓦職人も参加しています。

台湾総督府交通局鉄道部

　さらに西に進むと玉泉公園があります。その東側に日本家屋群がひっそりと残っています。その中に1932年建築の台湾総督府鉄道部長宿舎があります。今は廃墟と化していますが、市定古蹟となり、老房子文化運動の対象となりました。現在は民間団体が再利用を計画中です。

鉄道部長の宿舎

旧台湾総督府交通局鉄道部　　住所：台北市大同区延平北路1段
鉄道部長宿舎　　　　　　　　住所：台北市大同区西寧北路1巷6号

地域：台北

西本願寺広場（浄土真宗本願寺派台湾別院跡）

日本時代から戦後へと、台北の歴史が刻まれた広場

鐘楼　台北市の予算で再建された。

樹心会館。現在も様々なイベントに用いられている。

　日本人観光客に人気がある賑やかな西門町。ここから中華路沿いに5分ほど南に歩くと、日本風の鐘楼が見えてくる。ここには、かつて台湾で最大級の日本寺院であった浄土真宗本願寺派台湾別院があった。

　しかし「光復」後、雑多な住居や店が周囲に密集して建てられ、さらに寺院も1975年に焼失した。そのため、その存在は長らく忘れ去られていた。台北市「老房子文化運動」によって修復がはじまり、今のように美しい西本願寺広場が整備されたのは2013年のことである。

　今は静かな広場であるが、ここには台湾の歴史が凝縮されている。

西本願寺台湾別院の歴史

　1895年5月、日清両国は下関条約を結び、台湾は日本に割譲された。しかし台湾島内では抵抗が続き、日本は軍隊を派遣して鎮圧した。この軍隊に本願寺派の布教使が帯同して台湾に来た。これが本願寺派の台湾布教の始まりであった。

　当初、僧侶が相手としたのは日本人であったが、次第に台湾人を対象とした布教も進めた。本願寺派は台北を拠点に基隆や新竹に教場を設け、台中や台南に布教使を派遣した。台北には台湾別院を設けて台湾布教の拠点とした。

　1923年には鐘楼と「樹心会館」が建てられた。樹心会館は和風の瓦と赤レンガの外壁を持つ集会場であり、幼稚園や講演会、葬儀などに活用した。名称は台湾総督を務めた児玉源太郎（1852～1906年）が寄贈した「樹心仏地」の扁額に由来する。

　1932年には本堂が完成した。高さ23メートル、幅33メートルの巨大な木造

本堂（「真宗本派本願寺臺灣開教史」1935 年から）

建築であった。土台はシロアリ被害を防ぐためにコンクリートで作られた。そのため、1975 年の火事で本堂が焼失したが、土台は残った。現在、土台下には「台北市立文献館」が展示室を構えており、昔の台北の写真などが展示されている。

チャンドラ・ボースと台湾別院

あまり知られていないが、チャンドラ・ボース（Subhas Chandra Bose, 1897～1945 年）の葬儀はここで行われた。インド独立を目指して第二次世界大戦で日本と手を組み、宗主国イギリスに対抗した英雄である。

頼みの日本が敗北すると、ボースはソ連への接近を図り、1945 年 8 月 18 日、台北松山飛行場から大連へ向かおうとした。しかし、搭乗機（日本陸軍九七式重爆撃機）が離陸に失敗して炎上、ボースは命を落とした。20 日、ボースの葬儀は台湾別院で行われ、蓮光寺（東京都杉並区）が引き受けるまで遺骨は台湾別院が保管した。

ボースは国民的人気が高く、生存説が根強く語られていた。インド政府がボースの死亡を認めたのは実に 2017 年 6 月のことである。これを機に、ボースの最期がインドで注目され始めた。やがては蓮光寺とともに、この台湾別院もインド人から注目されることになりそうである。

戦後台湾の歴史が縮図されている西本願寺広場

「光復」後、国民党が中国大陸からやってきた。台湾別院は接収され、警備や治安維持にあたる警備総司令部第二処となった。

1947 年 2 月、二二八事件が始まった。警備総司令部は無数の台湾人を政治犯として逮捕した。台湾別院は拘置所となった。近くには東本願寺もあり、やはり拘置所として用いられた。本願寺と聞いて国民党の圧政を思い出す高齢者は少なくない。

二二八事件で逮捕され台湾別院に収容された一人に王育霖（1919～1947 年）がいた。東京帝国大学卒業、司法試験合格、台湾人初の検察官（京都司法裁判所検事局）と抜群のエリートコースを歩んだ王が逮捕された理由は今も分からない。弟の王育徳（台湾語学者、明治大学教授）は、外省人の汚職を摘発しようとして恨みを買ったのではと考えている。

王育霖は台湾別院に拘留後、処刑された。しかし、処刑日や遺体の行方すら分かっていない。妻は、幼い子供を背負い、河原に捨てられている遺体を確認して歩く日を重ねたという。当時の台湾はこうした悲劇にあふれていた。

1949 年、国民党が国共内戦に敗れると、台湾別院の周辺には、大陸から逃れ

てきた中国人が次々とバラックを建てた。こうして不法住宅が溢れ、生活環境や治安が悪化した。

1961年、街の浄化を目的として、「中華商場」と呼ばれる大型ショッピングセンターが建てられた。コンクリート3階建ての建物が8棟、蔣介石時代に強調された儒教の「八徳」にちなんで忠棟、孝棟、仁棟、愛棟、信棟、義棟、和棟、平棟と名付けられた。建物の総延長は1.2キロ、各棟は歩道橋で結ばれた。1992年に解体されるまで、中華商場の混沌かつ雑多な街並みは台北の顔でもあった。

年配の台湾人は、「西本願寺広場付近は外省人が多く住む雑然とした界隈」というイメージを持っているが、今の美しい本願寺広場を見ると驚くに違いない。老房子文化運動によって不法住宅は一掃され、廃墟と化していた台湾別院の建築物は美しく蘇った。樹心会館は文化・芸術に関する様々なイベント会場として使われている。

輪番所も美しく修復された。1924年完成の木造建築で、かつては僧侶の宿直所であり、今はお茶処「八拾捌茶輪番所」となっている。靴を脱いで畳に上がり、

輪番所。現在は「八拾捌茶輪番所」が入る。店内ではたたみの上で台湾茶が楽しめる。

台湾茶を楽しみながら、この地の歴史を振り返るのもいいだろう。

参考文献
中西直樹『植民地台湾と日本仏教』三人社、2016年
「本願寺史料研究所報」(第49号) 2015年6月15日
王育徳著、近藤明理訳『「昭和」を生きた台湾青年 ―日本に亡命した台湾独立運動者の回想 1924-1949』草思社、2011年

西本願寺広場(浄土真宗本願寺派台湾別院跡)

西本願寺広場
　住所：台北市萬華区中華路1段174-176号　　最寄り駅：MRT西門駅

台北市立文献館　　電話：02-23115355　　http://www.chr.gov.taipei
八拾捌茶輪番所　　電話：02-23120845　　https://www.facebook.com/rinbansyo

> コラム

台北に残る日本の仏教寺院

時代を超えて今も信仰される古刹

　日本統治時代、台湾には日本の仏教が盛んに進出しました。当初は台湾に住む日本人が対象でしたが、次第に台湾人に対する布教活動も熱心に行われました。日本仏教の進出に伴い、日本式の寺院も各地に建てられました。

　日本統治時代が終わり、日本人僧侶が台湾を離れると、日本寺院は国民党政権によって接収されました。その後は戦没軍人を慰霊する忠烈祠や、台湾の神仏が祀られる寺廟などに転身するなどしました。

　最近では、かつての日本との縁を振り返り、宗教交流に積極的な寺院も現れました。1997年に始まった「台湾三十三観音霊場」は、日本統治時代に創建された寺院を中心に、台湾全土のお寺を結んでいます。こうして日本との仏教交流はますます深化しています。

　ここでは、台北市内に残る主な日本寺院を紹介します。参拝客が絶えない台北天后宮を除き、基本的には観光地ではないので、訪問する際には礼儀と挨拶を心掛けてください。

台北天后宮

　1899年に高野山真言宗が西門町に設立した布教所が前身。1910年に弘法寺となりました。なお、日本統治時代の台湾では四国八十八ヵ所の写し霊場があり、弘法寺はその1番札所でした。

　戦後に媽祖が祀られ、現在に至ります。1953年に日本時代の木造寺院が焼失、新たに正殿等が建立され、今の風貌になりました。境内には弘法大師の石像や座像などが大切にされており、媽祖と弘法大師が合祀された珍しい天后宮となっています。

台北天后宮の境内に残る弘法大師像

住所：台北市成都路51号
アクセス：MRT西門駅から徒歩すぐ
電話：02-23310421

臨済護国禅寺

臨済宗。1901年に建立。1912年建立の大雄宝殿（本堂）や鐘楼山門などが残っています。1997年に始まった「台湾三十三観音霊場（ウェブサイト www.taiwan33.com）」の第1番札所となっています。大雄宝殿は旧正月と新年15日のみ参観可、事前の電話予約が必要。

住所：台北市中山区玉門街9号
アクセス：MRT圓山駅から徒歩5分
電話：02-25948308

台北法華寺

日蓮宗。1897年頃に布教所設立、1910年に現在地に移転。山門左手の石碑、境内の百度石は台北市の文化資産。本堂内の燈明や太鼓などにも日本時代の名残があります。

住所：台北市萬華区西寧南路194号
アクセス：MRT西門駅から徒歩15分
電話：02-23120437

善導寺

浄土宗。1895年に布教所設立、1929年に現在位置に移転。当時は「浄土宗台北開教院」と呼ばれていました。現在の正式名称は「浄土宗善導寺」。鉄筋ビルに建て替えられた今、日本時代の面影はありません。

住所：台北市中正区忠孝東路1段23号
アクセス：MRT善導寺駅
電話：022-23415758

東和禅寺

曹洞宗大本山別院として1908年に創建。現在は本堂（1914年）や鐘楼（1930年）が残ります。1916年、台湾人に高等教育を授ける「私立台湾仏教中学林」を創設。私立曹洞宗台湾中学など何度か名称が変わり、現在は「台北市私立泰北高級中学」（高校）として伝統を引き継いでいます。

住所：台北市中正区仁愛路1段21-33号
アクセス：MRT台大醫院駅から徒歩10分
電話：02-23517887

鐘楼。梵鐘は1920年に京都で製作された。1997年に台北市の市定古跡となる。夜はライトアップされていて美しい。

剝皮寮
ポービーリャオ

地域：台北

台北で最も古い街「萬華（バンカ）」に蘇る清代の街

清代から残る剝皮寮の建物

　台北の人は、「萬華」にあまりいいイメージを持っていない。治安が悪い、ヤクザが多い、怪しげな店が多い、という印象があるからだ。萬華を舞台とした台湾映画「モンガに散る」（2010年公開）でも、ヤクザ組織の抗争が絶えない街として描かれている。

台北で最も古い萬華の歴史
「モンガ」は萬華の古い呼び名である。漢字では「艋舺」と書く。地元の人は「ばんか」と発音する。もともとはこの地に住んでいた台湾原住民ケタガラン族の言葉でカヌーを意味した。彼らは早くも17世紀頃には台湾に来たスペイン人と交易していたようであり、萬華の隣を流れる淡水河が交易ルートであった。かつては多くのジャンク船や、ケタガラン族のカヌーも浮いていたという。艋舺公園にはケタガラン族のカヌーの彫刻がある。

　清代の萬華は「一府二鹿三艋舺」という言葉が示すように、安平（台南市）、鹿港（彰化県）と並ぶ繁栄を見せていた。萬華にある台北最古の龍山寺（1738年創建）は福建省晋江にある安海龍山寺からの分霊であるように、中国大陸から多くの漢人がこの地に移住した。

　しかし、日本統治時代が始まる19世紀後半より、萬華の交易を支えた淡水河は、土砂が底に積もり、船の運航が難しくなった。このため、交易の中心を下流の街に譲らざるを得なくなった。

リノベートされて蘇った剝皮寮地区
　萬華地区の一角にある剝皮寮地区は、清代の街並みが保存されている。杉の木の皮を剥がす作業区域であったことからこの名前が付いたらしい。1999年、台北市がこの地区の歴史的意義を認めて町並みの保存を決め、修復と再利用計画が

始まった。2006年には台北市郷土教育センターが開設して歴史展示が始まった。リノベートされた建物は、大学サークルや地域コミュニティの活動拠点としても活用されるなど、歴史建築の再利用モデルとしても注目されている。

剝皮寮の周辺

剝皮寮の周辺も歴史の重みを感じさせる。例えば隣接する老松国民小学には、1920年建築の校舎が現存する。創立は日本統治初期の1896年であり、当初は「台湾総督府国語学校第二付属学校」、1907年に「艋舺公学校」(「公学校」は台湾人が通う小学校)となった。

歴史を感じさせる建物は他にも多い。「台北仁済院」(精神疾患者の病院)は、清代の1866年に創設され、現在も開業中である。1922年竣工の建物には文史展示室が設けられている。また、1935年に開設された「緑町食料品小売市場」は、2006年に市の古跡に指定され、やはりリノベートされて2013年に「新富町文化市場」へと生まれ変わった。

萬華は、清代から日本統治時代、そして民国期台湾の歴史を実感できる。さらには、過去の歴史を次世代に伝える実験地域としても注目したい。

台北市郷土教育中心

台北市郷土教育中心。日本統治時代から最近までの教育史が展示してあり、台湾人には懐かしく感じる。

日中戦争の頃、剝皮寮の建物は国防色(柱の左側)と呼ばれる色を塗られた。

台北市郷土教育中心
　住所:台北市萬華区広州街101号　電話:02-23361704
　見学は火〜日の9時〜17時(月曜日と国定祝祭日は休館)　http://hcec.tp.edu.tw
台北仁済院
　住所:台北市広州街200号　http://www.tjci.org.tw
新富町文化市場
　住所:台北市萬華区三水街70号　http://umkt.jutfoundation.org.tw

自来水博物館（旧台北水道水源地）

バルトンと浜野弥四郎が死力を尽くした台湾水道の近代化の象徴

地域：台北

1909年竣工の水道ポンプ室

台湾の近代水道を象徴する荘厳なポンプ室

国立台湾大学に隣接する公館は賑やかな学生街だが、汀州路を越えると静かな「台北市自来水園区」が広がる（「自来水」は水道水のこと）。20ヘクタールの広大な敷地の中を進むと、荘厳なバロック建築が見えてくる。列柱が並ぶ回廊、両端にドーム屋根を持つ建物が、実は水道ポンプ室（臺北水道水源地唧筒室）だとは、説明されなければ分からない。最近では結婚写真の撮影スポットとしても人気である。

水道ポンプ室は1909年に竣工した。内部は明るく、半地下の床から天井まで非常に広い空間が広がる。床には太陽の光を浴びて黒光りする巨大ポンプが並ぶ。米アリス－チャルマーズ社、日立製作所、そして荏原製作所製と刻印されたこれらのポンプは、近くを流れる新店渓（「渓」は川の意味）の水を汲み上げてポンプ室前の浄水池に運ぶ役目を担っていた。浄化水は、ポンプ室裏手の観音山の上に造られた貯水池に上げられた。そして、落下の力を用いて台北市中に水道水を供給していた。

ポンプ室は1977年に役目を終えたが、その歴史的価値から1993年に三級古蹟に指定され、大切に保存されている。また、自来水園区には日本統治期の蓄水地・排水井・量水室などが残る。いずれも立派な西洋建築であり、文明の象徴として水道を台湾に導入した明治日本の意気込みが伝わってくる。

台湾水道の父バルトンと弟子の浜野弥四郎

かつて、ポンプ室の前には台湾水道の父・スコットランド人技術者バルトン（1856〜1899年）の胸像があった。胸像は、バルトンの弟子浜野弥四郎（1869〜1932年）が、バルトンの死から20年後の1919年3月に設置した。

バルトンは1887年にお雇い外国人として来日し、東京帝国大学で衛生工学を教えた。また、都市水道を建設するために日本中を駆け巡った。台湾に来たのは後藤新平の要請であった。浜野を伴って基隆港に上陸したのは1896年8月、日本の台湾統治が始まった翌年である。

二人が真夏の基隆港に上陸すると、すぐに異臭が鼻をついた。路上に汚水が溢れていたからである。街の民家の周囲には塵芥や汚物が堆積していた。船上から眺めた美しい基隆とは大違いだった。この第一印象は二人にとって衝撃的だったようである。

台湾到着から2ヵ月後の10月、台北でペストが発生して53名が犠牲となった。当時の台湾は伝染病の温床であった。台湾と船で結ばれた日本にも感染する恐れがあった。台湾の衛生環境改善は緊急を要した。

都市衛生を改善するうえで最も大切なのは上下水道の整備であった。そのためにバルトンと浜野は招かれた。しかし、水道整備に必要な各種データ、例えば人口統計・地形図・降雨記録・河川流量記録・洪水記録等などは存在せず、こうした基礎データの収集から始めなければならなかった。

バルトンは、熱帯地域の水道整備の先例を学ぶため、上海・香港・シンガポールを視察した。例えばシンガポールでは、底が卵型となっている排水路を観察した。そして、この形状が汚物の堆積防止に効果があるとみると、台湾にも導入した。さらには、台湾の都市部で水道を新設する際には、道路や建築物の改善を含めたトータルな都市計画が必要であると当時の台湾総督であった乃木希典に訴えている。

バルトンは寝食を忘れて働いた。その無理がたたり、1899年、43歳で突然世を去った。1909年に台北水道水源地が稼働した時、すでにバルトンはこの世にいなかったが、バルトンの遺志を継いだ浜野がこの仕事を完遂した。子弟二人の意地と信念をぜひポンプ室から感じてほしい。

台湾各地に残る水道施設

バルトンと浜野は、台湾各地の水道建

自来水博物館（旧台北水道水源地）

バルトンの銅像。除幕式記念絵葉書より。

設にも全力を注いだ。しかし各地の自然環境や地形が異なるため、水道整備は非常に困難であった。例えば基隆は山に囲まれており、雨水が浸透せず地下水も少ない。そこでバルトンと浜野は貯水池が必要だと考え、未開の山中を歩いて適切な場所を探した。こうして出来たのが「西勢水庫」(暖暖水庫)(基隆市暖暖区水源路38号)である。1902年に給水を開始した現存する台湾最古の貯水池である。

また、台南には浜野の指導で1922年10月に竣工した「台南水道」が残る。工事に10年の歳月がかけられ、2005年に国の指定古跡となった台南水道は2ヵ所に分かれ、「水源地」には濾過室・水道事務室・加圧室が、「浄水区」には浄水池・量水器室が残る。

かつては浜野の胸像があったが、戦時中に供出された。近年には台湾の実業家許文龍が新たに胸像を制作し、浜野の功績が書かれた台座の上に設置されている（台南市山上区山上里16号、台南市政府文化局　電話：06-5782811）。

水道ポンプ室内に並ぶポンプ

参考文献
稲場紀久雄『バルトン先生、明治の日本を駆ける！　近代化に献身したスコットランド人の物語』平凡社、2016年

台北市自来水園区
　住所：台北市中正区思源街1号　　最寄駅：MRT 公館駅
　電話：02-87335678　　　　月曜休館
　https://waterpark.water.gov.taipei

地域：台北

圓山水神社

国籍や時代を超え、水道建設に貢献した先人を顕彰する神社

日本統治時代から続く神社

MRT剣潭駅を降り、剣潭山に向かって中山北路を横断すると水道局（台北自来水事業処陽明営業分処）がある。水道局の駐車場には「圓山水神社」への道が示されているので、これに従って剣潭山を10分ほど登る。すると山の中に神社が現れる。

圓山水神社は、「圓山貯水池」の建設作業中に命を落とした作業員を慰霊するために建立された。社号標の裏には「昭和十三年四月二十七日」と刻まれている。参道、石灯籠、狛犬、手水などは、日本にいる錯覚を与える。

台湾には多くの神社が建てられたが、日本統治が終わると国民党によって破壊された。圓山水神社も一時期は荒廃したが、1990年に水道局の有志が修復した。神社には民国79年（1990年）建立の「飲水思源」の碑が立つ。「水を飲むときは、その源を思い、井戸水を飲むときは井戸を掘った人に感謝すべき」という意味である。時代や国籍を超えて水道建設に貢献した先人を顕彰しようとする台北水道局の心をぜひ感じたい。

圓山水神社

圓山水神社の近くには「圓山貯水池」の施設も見られる。この貯水池は1932年3月に完成した台北の水道システム「草山水道系統」の一部である。今では草山水道祭や遊歩道（天母水管路）の整備、1930年完成の水力発電所「三角埔発電所」（台北市士林区）の保存など、行政と地域が一体となり、台北の水道とその歴史を注目する動きが盛んとなっている（2017年8月、圓山水神社は日本統治時代をよく思わない人物により破壊された。その後の詳細は不明）。

台北自来水事業処 陽明営業分処
住所：台北市士林区中山北路5段82号1　　最寄駅：MRT　剣潭駅

国立台湾大学と磯永吉小屋

日本統治時代から現在まで連なる伝統と２人の農業技師

地域：台北

磯永吉小屋

磯永吉と末永仁の胸像

旧帝大の歴史を継承する国立台湾大学

戦前日本の最高教育機関は、東京帝国大学を筆頭とする帝国大学（旧帝大）であった。旧帝大は９校、そのうちの２校は台湾と朝鮮に建てられた。ソウル（当時は京城）の京城帝国大学（1924年開学）と、台北の台北帝国大学（1928年開学）である。

この２校は、日本敗戦で休校となった。その後は敷地や校舎、学生などが引き継がれ、1946年にソウル国立大学と国立台湾大学となった。

しかし、ソウル国立大学は、旧帝大の後継校であることを否定する。そして、自らのルーツは日韓併合前に存在した医学校や法律学校などであると主張するのである。

これに対して、国立台湾大学は、旧帝大の後継校であることを自認し、長年の伝統をむしろ誇りとしている。韓国と台湾の過去に対する態度の違いはこうした点にもみられる。

国立台湾大学は現総統の蔡英文をはじめ、馬英九、陳水扁、李登輝ら歴代総統が学んだ。キャンパスは広大であり、多くの博物館や資料館がある。例えば旧総図書館（1928年竣工）の中央閲覧室に設置された「校史館」では、日本統治時代から現在に至る90年間の歴史が紹介されている。他にも動物博物館（1928年）、植物標本館（1929年）、昆蟲（虫）標本館（1936年）などがある。これらは、建物は当然のこと、多くの展示品も日本統治時代から引き継がれている。あらゆるところから歴史が感じられるのである。

磯永吉小屋

国立台湾大学の正門を入ると、メインストリート「椰林大道」が一直線に伸びる。突き当りの図書館に行く途中で右に

向かい、しばらく歩くと、緑が広がるのどかな風景が広がる。「台大農場」の看板が無ければ大学内であることを忘れてしまいそうになる。

周囲には古い建物がいくつか残っている。そのひとつに磯永吉小屋がある。台湾総督府台北高等農林学校の作業室として1925年に建てられたシンプルな木造平屋である。台北帝国大学が建てられると、1930年に理農学部の一部となった。

建物に入ると、磯永吉（1886〜1972年）と末永仁（1886〜1939年）の胸像が出迎えてくれる。これらは奇美実業創始者の許文龍氏の寄贈である。それぞれ、「台湾蓬莱米の父」「台湾蓬莱米の母」と説明がある。蓬莱米（ほうらいまい）とは、日本種（ジャポニカ米）と台湾の在来種（インディカ米）を交雑して新たに開発した米である。

台湾の在来種は収穫量にバラツキがあり、インディカ米のパサパサした口当たりは日本人には合わなかった。成長も悪く、品質も劣った。しかし、日本の米を台湾に移植することは不可能であった。気候条件が異なるからである。

そこで磯永吉と末永仁は、米の品種改良を重ねた。最も有名なのは1935年に台中試験場で育成された「台中65号」であろう。蓬莱米が開発されたことで日本への供給が可能となり、台湾農家の収入も向上した。現在も台湾で広く食されている。

内部は資料館になっておりボランティアの案内がある。

2009年、磯永吉小屋は台北市によって古蹟に指定された。そして2012年に開放されたが、老朽化は深刻であった。修繕には莫大な費用を要したが、2017年3月、台湾大学の卒業生が同窓会の活動費用の一部を寄付した。

磯永吉小屋は新たな国際交流の流れも作った。例えば磯永吉の母校である広島県立日彰館高等学校は台湾スタディツアーを開始し、国立台湾大学を訪れている。来訪者に説明するボランティア制度もできた。こうして、数年前まで知られていなかった磯永吉小屋は、新たな日台交流の舞台へと進化した。

参考文献
まどか出版編『日本人、台湾を拓く。許文龍氏と胸像の物語』まどか出版、2013年

住所：台北市基隆路4段42巷
開館：毎週水・木・日　9時30分〜12時、14時〜16時30分
https://www.facebook.com/ISOHOUSE

四四南村
<small>スースーナンツゥン</small>

観光地となった「眷村」(軍人村)
<small>チュンツゥン</small>

地域：台北

四四南村。台北101の麓にある。

現在は地域コミュニティセンターとして利用されている。

中国大陸から移り住んだ軍人とその家族の居住区「眷村」

四四南村は、台北で最も古い「眷村」であり、1948年頃につくられた。眷村とは、大陸から逃れてきた国民党の軍人軍属とその家族の住居のことである。

1999年頃までに住民がいなくなった四四南村は、再開発のために取り壊される予定であった。しかし、その姿を後世に残したいという運動が盛り上がり、歴史建築物に指定されて保存されることとなった。

台北101から歩いて数分という好立地と、どこか懐かしさを感じさせるレトロな雰囲気により、結婚写真の舞台とするカップルも増えてきた。建物を再利用したおしゃれなカフェ兼雑貨屋「好、丘」がオープンすると、台北を代表する観光地となった。しかし、その歴史はほとんど知られていない。

四四南村とその近隣の過去

四四南村に住んだ人達は、台湾に来る前は中国で軍需工場に勤めた技術者とその家族であった。彼らは、国共内戦に敗れた国民党が台湾に逃れる際、一緒に台湾海峡を渡ってこの地にやってきた。そして台北でも軍需工場で技術を生かした。

彼らが働いた工場は「四四兵工廠」と呼ばれ、四四南村の北側に隣接していた。ちょうど台北101や台北世界貿易セ

ンター、新光三越新天地などが立つエリアである。この地がかつて広大な軍需工場であったとは、今からでは想像することも難しい。

四四南村の東隣には信義国民小学がある。この小学校の前身は、四四南村に住む軍人家族の子供達を対象として1949年に創設された「四四兵工廠子弟学校」であり、教員も眷村に住む外省人であった。このように眷村に住む子弟のために設けられた学校は台湾各地にあった。

大陸から流入する人口が増え、四四兵工廠で働く軍人や技術者が増加すると、四四南村が手狭となった。そこで1951年頃、近くで新たな眷村が建てられた。「四四西村」と「四四東村」である。四四西村は主に将校クラスが住んだ。場所は、現在の「光復市場」（信義区光復南路419路）付近である。一般軍人用の「四四東村」は、現在の台北医学大学附近に建てられた。

この2眷村は、いずれも1980年頃に国宅（「国民住宅」）と呼ばれるマンション群に建て替えられた。そのため、レトロな建物は存在しない。四四西村跡の国宅は「忠駝国宅」という名称が付けられていることから（「駝」は四四兵工廠の記章であった）、かろうじて当時をしのぶことができるのみである。

眷村文物館では四四南村の歴史が学べる。入館無料。

かつての雰囲気を今に伝える。

四四南村（信義公民会館）
　住所：台北市信義区松勤街54号　　電話：02-27237937
　http://school.wsps.tp.edu.tw/content/fourfour/remember.htm

眷村文物館
　開館日：火〜日（9時〜16時）　　休館日：月曜・祝日
　団体参観は1週間前までに予約（02-27239777）

コラム　「眷村」（軍人村）を訪ねよう

台湾のもうひとつの顔である眷村

中国大陸から移住した軍人とその家族の住居

1945年8月に日本が降伏し、台湾が中華民国の統治下に置かれると、中国大陸から大勢の国民党の軍人が来ました。国共内戦で国民党が敗北すると、大陸からの移民はさらに膨れ上がります。その数は1960年頃までに約150万人、陸海空軍の軍人兵士・憲兵隊・軍属は約60万人といわれています。

大陸出身の軍人とその家族は「眷村」と呼ばれる集落に住みました。ひとつの眷村には数十〜数百戸が集まり、台湾全土に886ヵ所が設けられました。

多くの眷村は「○○新村」と名付けられました。名称から眷村の特徴が分かります。例えば、「陸光新村」は陸軍、「海光新村」は海軍、「凌雲新村」や「大鵬新村」は空軍の眷村です。台湾の都市地図を眺めるとこうした地名を容易に見つけることができます。

眷村の建物（「眷舎」）は、当初は日本軍が残した宿舎などが利用されました。しかし大陸から来る人口を収容するには数が足りず、新たな眷舎が建てられました。その特徴は、非常に簡素な点にあります。共産党を打倒して大陸奪還を実現する（「大陸反攻」）までの仮住まい（「暫時居住」）とされたからです。しかし、大陸奪

「反攻大陸」のスローガン（新竹眷村博物館にて）

還は実現せず、大陸出身の老兵は望郷の念を抱きながら眷村に住み続けました。

彼らと戦前から台湾にいた本省人との間には、壁があり、時には確執もありました。年配の台湾人に眷村のことを訪ねると、「竹の生垣」を思い出す人が少なくありません。初期の眷村は、竹の生垣によって囲われていたからです。これは、眷村と台湾人社会を隔離する意味もありました。

眷村は、眷舎の老朽化や都市計画などにより、1980年初頭から公営マンションへと建て替えがはじまります。こうしたマンションを「国宅」（国民住宅の略）といいます。

現在、国宅化により、多くの眷村はかつての姿を失いました。また、高齢化や

若者の流出、建物の老朽化も深刻です。その一方で、眷村が持つ独自の歴史や生活文化を保存する動きも現れました。例えば建物の保存や博物館の開設、眷村料理教室の開催などが挙げられます。また、積極的に外部との交流を求める眷村もみられます。

最近よく見られる眷村を拠点とした文化イベントなどには、多くの本省人も参加しています。これは、台湾社会の中における眷村の立ち位置、さらには本省人と外省人の関係が変化してきた現れであるといえます。

眷村は、日本からはもっとも見えにくい台湾社会のもうひとつの顔です。本コラムを参考に、ぜひ足を運んでください。

眷村を訪ねてみよう

四四南村（台北市）や彩虹眷村（台中市）は、観光地として有名になり、ガイドブックでも紹介されています。しかし多くの眷村は、本来は生活地であり、観光地ではありません。

そこでお勧めなのは各地の眷村資料館です。見学の際はぜひ職員や他の見学者に話しかけてみてください。お年寄りがいれば、出身地の訛がある中国語で国共内戦や抗日戦争（日中戦争の中国での呼称）の記憶を語ってくれるかもしれません。彼らは老兵、あるいは栄民と呼ばれています。

また、眷村の周辺には眷村料理を出すお店があります。眷村料理とは、大陸各地の要素がミックスされた独自の料理です。こうしたお店で店員や他の客に話しかけると新たな発見があるでしょう。

以下では資料館が整備された地域を中心に主な眷村を紹介します。

山東省出身の老兵　（亀山眷村故事館にて）

眷村の周りには、中国大陸各地の料理が独自に進化した眷村料理店を探すのも面白い（桃園市内にて）。

1　桃園市

　桃園国際空港の東隣にある空軍基地は、かつて日本海軍航空隊の基地でした。戦後、国民党はこの基地を接収し、大陸から来た空軍関係者が周辺に住みました。
　桃園国際空港東側の「建国八村」内にある桃園市立陳康国民小学は、1952年創設の「空軍総部附設桃園小学」が前身です。眷村内に設立された軍人・軍属の子供のための学校は台湾各地に設けられています。

亀山眷村故事館とその周辺

　台湾国鉄桃園駅から約2キロ東に「亀山眷村故事館」があります。周辺は「精忠五村」「陸光三村」です。故事館の建物は「陸光三村」の自治会事務室でした。両眷村はすっかり国宅のマンションとなりましたが、故事館の隣には立派な蒋介石の銅像が立っています。
　故事館では亀山区内の9眷村を紹介する地図が配られています。この中でのお勧めは「憲光二村」。桃園市唯一の憲兵の眷村であり、建物や壁のスローガンが残っています。「陸光二村」もすっかり国宅へと変貌し、どこにでもある住宅地と同じになりましたが、隣接する「亀山第一河濱公園」には戦闘機や戦車が展示されています。

亀山眷村故事館

大陸から台湾に逃れた兵士とその家族の物語を感じたい（亀山眷村故事館）。

亀山眷村故事館　　住所：桃園市亀山区光峰路43号　　電話：03-3296662
憲光二村　　住所：桃園市亀山区大同路138付近
陸光二村　　住所：桃園市亀山区長寿路531付近

忠貞新村（雲南村）

「忠貞新村」は「雲南村」とも呼ばれています。ここに住む老兵達は、蒋介石が台湾に逃れた後も雲南省で戦いを続け、タイ、ミャンマーまで転戦した「雲南省反共救国軍」でした。彼らは1954年末よりこの地に住み始めました。

雲南村の特徴は、周囲に雲南料理やミャンマー料理を提供する飲食店の多さにあります。特に雲南料理店「国旗屋」は、台北からも客が訪れる有名店となっています。創業者も雲南省反共救国軍の老兵です。

雲南料理店「国旗屋」

雲南料理店「国旗屋」　住所：桃園市中壢区龍平路215

馬祖新村と馬祖新村眷村文創基地

台北の「四四南村」（→32ページ）に続き、台湾で2番目に保存が決まった眷村であり、当時の雰囲気が良く残っています。ここは、馬祖（中国大陸に隣接する島）に駐留する兵士の親族が住む場所として1957年に建設されました。建設を提案したのは宋美齢（蒋介石夫人）です。多い時で226戸が住み、集会所や公園、球場等の施設も備わっていました。

2004年に歴史建築に指定され、現在は「馬祖新村眷村文創基地」として眷村文化の保存と発信に力が注がれています。集会所には映画館「桃園光影電影館」が設置され、馬祖新村や桃園の歴史を中

馬祖新村　美しくリノベートされた眷舎

心に地域情報を発信しています。さらにはバザーの開催、空き家となった眷舎に芸術家の入居を促進するなど、積極的な活動が見られます。台鉄中壢駅から南西におよそ3キロのところにあります。

桃園光影電影館　住所：桃園市中壢区馬祖新村　電話：03-4581598

2　新竹市

　新竹も眷村が多く、市内に47ヵ所が設けられました。日本軍が残した新竹飛行場が戦後も利用されたため、特に空軍の眷村が目立ちます。新竹駅の後駅側の光復路沿いにも眷村が多くありましたが、国宅化が進みかつての光景はほとんど失われました。しかし「金城新村」（金城一路周辺）は保存が決まり、2018年には全国初となる眷村図書館の設置が予定されています。金門防衛司令部の高官が住んだことから「将軍村」と呼ばれています。新竹公園内の麗池湖の脇に立つ日本建築群は1936年に建てられた高級料亭でしたが、戦後は「空軍十一村」となり国軍の飛行員宿舎となりました。また新竹では、「眷村文化節～年菜好味道」を開催しています。眷村人口率が高く、豊富な眷村料理も豊富にあります。

新竹眷村博物館

　新竹眷村博物館は台鉄新竹駅と空軍基地の間にあります。

　2002年にオープンした当初は1階部分のみでしたが、その後拡張され、今では3階建ての建物すべてが展示室となりました。館内では、日本統治時代から戦後にかけての新竹の歴史や、中国大陸から流入してきた軍人とその家族たちの様子、そして眷村での生活などが、豊富な写真や展示品で感じることができます。特別展も頻繁に行っており、眷村文化の保存と広報に力を入れています。

　博物館の前を走る東大路に沿って、かつては「空軍一村」から「空軍七村」までが並んでいましたが、今はすっかり国宅へと変貌しています。

新竹眷村博物館

かつての眷村の風景　（新竹眷村博物館）

新竹眷村博物館
　住所：新竹市東大路2段105号　　電話：03-5338442
　開館時間：9時～17時　　　　　　休館日：月曜

3　台中市

　台中には 134 の眷村がつくられ、そのうち陸軍が 71、空軍が 51 を占めました。台中の眷村といえば、ペンキの絵で有名な彩虹眷村があります。ペンキ絵を描いたのは香港出身の老兵である黄伯伯（黄じいさん）。台北の四四南村と並び観光スポットとして人気がある眷村です。

台中市眷村文物館

台中市眷村文物館

日本統治時代に飛行場（現在の台中空港）があったため、空軍の眷村が多い（台中市眷村文物館）。

　2007 年、新しく台中市眷村文物館がオープンしました。台鉄台中駅の一つ北側にある太原駅が最寄り駅です。隣接するレストランでは眷村料理を提供しています。中国各地方の料理が混じった独自の料理です。また、台鉄清水駅付近では、眷村の保存と地域コミュニティの拠点として清水眷村文化園区が整備中です。

彩虹眷村	住所：台中市南屯区春安路56巷	
台中市眷村文物館	住所：台中市北屯区天祥街19号	電話：04-22339363
清水眷村文化園区	住所：台中市清水区中社路信義巷41号	

眷村訪問に際して

中国大陸出身で日本軍の侵略に苦しめられた記憶が鮮明なのか、時には日本非難の場面にも遭遇します。

眷村を訪れる日本人は珍しいので、軍隊の褒章をお土産にくれる老兵もいました。

4　台南市

　台南駅の東側（後駅）、小東路を東に向かって進むと高雄栄民総医院台南分院があります。栄民とは退役軍人のことを指します。病院の玄関前には「復興老兵文化園区」があります。最近は「台南永康彩絵眷村」と呼ばれ、壁画アートで有名になりつつあります。日本統治時代の古い水道の手押しポンプも残っています。また病院前に眷村料理屋が並んでいます。

　復興路の北側には眷村をモチーフにした喫茶店「眷村故事珈琲屋」があり、オーナーはこの地のことをいろいろ教えてくれます。

　近くにあった「精忠二村」は、今は国宅となりましたが、「南瀛眷村文化館」が設けられています。蒋介石の銅像が目印です。

復興老兵文化園区

復興老兵文化園区

眷村故事珈琲屋

精忠二村の蒋介石像

復興老兵文化園区	住所：台南市永康区復興路423
眷村故事珈琲屋	住所：台南市永康区復興路216巷13号
南瀛眷村文化館	住所：台南市永康区中華路58巷70号

5　高雄市

高雄市左営区の眷村群

コラム・「眷村」（軍人村）を訪ねよう

かつての高雄眷村文化館内に展示されていた自転車。

震洋八幡神社の台座跡

明徳新村

　台湾高速鉄道（新幹線）左営駅の西側一帯は、かつては日本海軍の基地があり、今も重要な海軍施設となっています。眷村も多く、高雄市内の眷村59ヵ所のうち22ヵ所が左営区にあります。

　台鉄左営駅近くには「海光三村」がありました。かつて医療所であった建物は、2017年9月まで眷村文化館でした。今では清朝時代の左営を中心に展示する「見城館」へとリニューアルしています。

　最近では、「左営軍区故事館」がオープンし、高雄の海軍基地の歴史と眷村を紹介しています。

　海軍左営ゴルフ場と軍校路の間には多くの眷村がありますが、その中でも「明徳新村」は日本時代の海軍高官用の宿舎が残っています。戦後は国民党の軍高官が住んだことから「将軍村」と呼ばれていました。軍事放送局「漢聲廣播電台」高雄局が目印です。また、太平洋戦争時に築かれた200人収容可能の防空壕が残っています。

　明徳新村に隣接する「自助新村」は地域の再開発のため、ほとんど立ち退きが終わりました。すると、清朝時代の左営城の遺構が見つかり、2013年に調査が行われました。その際、城壁の上に小さな神社の台座が見つかりました。日本の

研究者も加わった調査により、かつてこの地は日本海軍の特攻隊「震洋部隊」の基地であり、台座は震洋八幡神社だと解明されました。

左営軍区故事館
　住所：高雄市左営区実践路202号　　電話：07-5875877
　開館時間：火～金　9時～12時、14時～17時　　土・日　9時～17時
　現在、中国大陸、香港、厦門からの団体の見学は受け付けていない

黄埔新村（高雄市鳳山区）

黄埔新村

海光四村

高雄市鳳山は、日本の南進基地として第二次世界大戦中に多くの宿舎が建てられました。戦後、これらの宿舎は国民党の孫立人将軍率いる軍隊の住居となりました。孫立人は中国・貴州で軍人子弟のために設立した「誠正小学」を鳳山に移転しました。その小学校は今もあります。

鳳山共同市場

当初は誠正新村と名付けられましたが、中国広州にあった陸軍士官学校が隣接地に移転してくると、1950年に「黄埔新村」と改名されました。近年、黄埔新村も老朽化・過疎化が進みました。すると住民や高雄市政府文化局は眷村文化を残すべく、「以住代護」を打ち立てました。眷村を保存するために住人を確保

今も立派な孫文と蒋介石の像が残る黄埔公園

する方針です。

　黄埔新村の近くには、1917年に日本海軍が設立した鳳山無線電信所（→112ページ）があります。その西側の「海光四村」は、今では高層の国宅群となってしまいましたが、毎日2,000人を超える買い物客であふれる「鳳山共同市場」（高雄市鳳山区工協街）は中国各地の料理や食材にあふれています。ぜひ「台湾の中の中国」を全身で感じてください。

楽群新村（高雄市岡山区）

楽群新村

　高雄市北部の岡山は、日本統治時代に日本海軍航空隊が置かれていました。そのため戦後も空軍岡山基地、空軍官校、空軍軍史館、空軍航空技術学院など、空軍の街となっています。1939年に日本海軍が造営した滑走路は今も現役です。

　「楽群新村」（高雄市岡山区楽群路）は、中華民国空軍の高官とその家族が住む「将軍村」でした。眷舎は1920年代に日本海軍航空隊が建てた高官用宿舎を流用していることから歴史的価値が高く保

岡山空軍新生社

勵志新村

存が決定されています。全53戸、一戸当たりの敷地面積は100坪を超えています。

　楽群新村に隣接する「勵志新村」は、今ではすっかり国宅に建て替えられましたが、かつての眷村の石門が当時の面影を残しています。

　「岡山空軍新生社」（高雄市岡山区柳橋西路1号）は、1930年代に日本海軍が建てた将校用の倶楽部であり、戦争末期では特攻隊がここで別れを告げたといわれています。戦後に空軍が接収し、空軍新生社倶楽部となりました。

6　屏東市

高雄に隣接する屏東には空軍の眷村が多く、県内で25ヵ所を数えます。一方、陸軍の眷村は3ヵ所に過ぎません。

青島路の勝利新村と空軍の眷村群

屏東駅から徒歩圏内にある青島路周辺は「勝利新村」と呼ばれています。日本時代の建物が並び、戦後は孫立人将軍の部隊が駐留した地です。今ではそのレトロな雰囲気からリノベートが進み、観光客が集まるカフェ街となっています。

将軍之屋（屏東市青島街106号）。1936年頃に造られた日本陸軍の宿舎。戦後この辺りは「勝利新村」となる。

雲鵬社区

街の中心から少し離れた台鉄六塊厝駅付近には、屏東空港の滑走路に沿って「大鵬七村」「凌雲三村」の2眷村からなる「雲鵬社区」があります。現在はすでに立ち退きが終わり、今は取り壊されるのを待つのみとなっています。眷村内にある屏東県凌雲国小（屏東市鵬程里光大巷61号）は眷村人口の減少に伴い生徒数が減少し、今では市内で最も小さい小学校となってしまいました。

立ち退きが進む大鵬七村

大鵬七村の事務所内

地域：台北

二二八事件

今も人々の心に残る傷跡

祖国復帰（光復）を喜んだ瞬間（台北二二八紀念館）。

台湾人を虐殺した二二八事件の首謀者に対する怨念（二二八国家紀念館）。

今も残る二二八事件の傷跡

二二八事件発生から70周年となる2017年には、台湾各地で惨劇を振り返る展示やイベントがみられた。事件への関心は70年を経ても風化しておらず、むしろ高まっている。全く口外できなかった戒厳令時代の反動だともいえる。

民主化が進展した1990年代より、人々はようやく体験を語り始めた。当時の記録や史料が発掘され、研究者やジャーナリストが真相を追求し始めた。こうして、二二八事件の輪郭が明らかになった。同時に、台湾人が負った心身の傷の大きさが見えてきた。

しかし、まだ分からない事も多く、被害者への補償なども終わっていない。犠牲者は18,000～28,000人（1992年の行政院推計）と言われているが、正確な数は不明である。こうしたことからも、真相解明の厳しさを感じざるを得ない。

二二八事件へと至る理由

二二八事件の直接の引金は、1947年2月27日、台北市内で闇タバコを売っていた台湾人女性が警察によって暴行されたことにあった。台湾人は抗議したが、憲兵隊に鎮圧された。すると政府に対する従来の不満が爆発し、台湾中で抵抗運動が発生した。これに対して、政府は中国大陸から到着した軍隊を待って徹底的に弾圧した。

台湾人が政府（日本統治終了後に台湾を統治した国民党政府）に抱いた不満の根は深い。まず、役人や軍人に対する幻滅があった。台湾を「解放」したはずの軍隊は盗難や暴行を働いた。役所や教育機関、会社等の主要ポストは外省人が独占し、汚職や腐敗が横行した。石炭や米は中国大陸に搬出され、台湾経済は混乱した。

日本が敗戦し、台湾は中華民国の統治下に置かれた。これを祖国への復帰（光

復)と考えられた。しかし中華民国は日本に代わって台湾を支配したに過ぎなかった。しかも、その支配は日本よりはるかに残忍で非文明的であった。二二八事件では、日本の近代教育を受け、教養レベルが高い台湾人が徹底的に殺害された。そして1987年に戒厳令が終わるまで、反政府的な言動は徹底的に監視された。

現在の台湾では、二二八事件及び戒厳令による受難者の調査が加速している。各都市には犠牲者を追悼する紀念碑や公園が設けられた。台北市内には次の2館が二二八事件を取り上げている。いずれも、事件の概要を丁寧に説明している。また、犠牲者の写真と詳細な経歴もあり、多くが日本留学を経験した高学歴エリートであったことに気づく。処刑方法など生々しい展示もあるので注意。

台北二二八紀念館

二二八事件の50周年である1997年2月28日にオープンした。建物は1930年に完成した台湾総督府交通局逓信部「台北放送局」。二二八和平公園内の中心には和平記念碑が立つ。台北二二八記念館は公園の東側、MRT台大医院駅に隣接する。

台北二二八紀念館

住所:台北市凱達格蘭大道3号　開館時間:火〜日　10時〜17時　入館料:20元
電話:02-23897228　　https://228memorialmuseum.gov.taipei/

二二八国家紀念館

2011年2月28日に開館。建物は1931年に完成した台湾教育会館である(台湾総督府営繕課井出薫の設計)。紀念館の運営は財団法人二二八事件紀念基金会。この基金会は、1995年に公布された「二二八事件処理及補償条例」に基づいて行政院が設立した。真相の追及や資料公開、慰霊行事などを行っている。　日本語による団体ツアーも申し込める(要予約)。

二二八国家紀念館

住所:台北市中正区南海路54号　電話:02-23326228　http://www.228.org.tw/index.html
開館時間:火〜日　10時〜17時　休館日:月曜、春節(旧正月)、その他　　入館無料

景美人権文化園区（旧警備総司令部軍法処看守所）

戒厳令時代の空気を今に伝える監獄と裁判所

地域：台北

軍法処看守所（仁愛楼）

世界最長の戒厳令——台湾暗黒の時代

　景美人権文化園区は、戒厳令時代に多くの人が政治犯として捕まり、軍事法廷にかけられ、拷問に苦しみ、理不尽な拘留に苦しめられた監獄である。私が訪ねた時、空は鉛色の厚い雲で覆われており、昼でも暗かった。そのような中で見る無機質なコンクリート塀と、その上に幾重にも重なる有刺鉄線からは、当時の重苦しい空気が実にリアルに伝わってきた。

　戒厳令とは、戦争や内乱、テロなどが発生した際に、治安の維持を名目としてあらゆる権力を軍隊に集中させることをいう。日本にも戒厳令はあった。日比谷焼き討ち事件（1905年）、関東大震災（1923年）、そして二・二六事件（1936年）の時である。しかし、いずれも半年以内に解除され、対象地域も東京とその近隣に限られていた。

　一方、台湾の戒厳令は、1949年5月に始まり、解除されたのは1987年9月であった。つまり38年間も戒厳令が続いたのであり、このような長期の例は他に見当たらない。対象地域も台湾全土であった。

　この間、人々はいとも簡単に逮捕された。政府批判や国家元首（蔣介石）批判、政府転覆、共産主義シンパなどの政治犯は重罪であった。また、こうした計画を知りつつも報告しない「知情不報」という罪もあった。こうして多くの人が逮捕された。

　警備総司令部は「寧可錯殺、不可錯放」（一人の犯罪者を逃すよりも無実の人を処刑する方が良い）というスローガンを信奉していた。そのため、無数の冤罪が生まれた。民間人も軍事法廷で裁かれて投獄された。今でも多くの台湾人が心

景美人権文化園区（旧警備総司令部軍法処看守所）

今も残る有刺鉄線が張られたコンクリート塀。

軍事法廷

軍事法廷内部

に傷を負い、恨みを抱いている。その恨みの矛先である警備総司令部が人々を収容し、拷問した場所が景美人権文化園区である。

理不尽な軍法裁判の舞台

敷地内には「軍事法廷」と「第一法廷」が残る。いずれも見学可能である。このふたつの法廷が裁いたよく知られている事件を紹介したい。

例えば軍事法廷は「大力水手事件」の裁判を行った。この事件の被告は柏楊（1920～2008年）という有名な作家であった。日本でも『醜い中国人』（光人社、2008年）が翻訳出版されている。

柏楊が逮捕されたのは、アメリカの人気アニメ「ポパイ」（中国語で「大力水手」）の翻訳が原因であった。柏楊は『中華日報』にポパイを連載していた。問題は1968年1月2日に掲載されたポパイと息子が無人島を購入したシーンであった。この時、ポパイは息子を前に演説する。そのセリフの中には「フェロー」という文句があった。これを柏楊は「全国軍民同胞們」（全国の軍人と民間人の同胞たち）と訳した。このフレーズは、蒋介石が演説冒頭でよく用いるものであった。また、柏楊は「父子は順番にこの小島の大統領となった」と説明文を付けた。

当時の台湾では、蒋介石が息子の蒋経国を後継者とする準備中であった。そこで、柏楊は国家元首侮辱罪と国家転覆罪の容疑で逮捕された。検察は死刑を求刑した。裁判の結果、禁固12年の判決が下された。そして1971年には、政治犯収容所である緑島の監獄（後述）に移送されたのであった。

日常的に行われていた拷問。

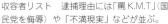

収容者リスト　逮捕理由には「罵K.M.T」（国民党を侮辱）や「不満現実」などが並ぶ。

廊下は屋外でも暗い。

面会室

景美人権文化園区（旧警備総司令部軍法処看守所）

　出獄後の柏楊は、国際人権団体のアムネスティインターナショナルの台湾分会創設に尽力し、1994年の創設時には会長に就任している（→98ページ）。

　「第一法廷」も台湾戦後史にとって重要な裁判の舞台となった。例えば「美麗島事件」である。

　1979年12月10日、言論雑誌『美麗島』の幹部が世界人権デーの日に高雄市内でデモ行進を行った。すると、治安部隊は催涙弾を用いて行進を鎮圧し、関係者を逮捕した。裁判の結果、『美麗島』責任者の施明徳は無期懲役、黄信介は懲役14年、他の6人には懲役12年となった。このように、戒厳令時代の言論弾圧を象徴する事件であった。

　1990年、李登輝総統が進めた民主化の成果により、裁判の無効が宣言されて政治犯は釈放された。その後、施明徳と黄信介は、いずれも民進党主席となった。戒厳令に屈することのなかったリーダーが今の台湾の自由を築いたのである。

見学のヒント

　仁愛楼は政治犯が拘留されたコンクリートの建物であり、個人見学も可能だが、面会室・洗濯場・医務室など、当時と変わらない空気の中を歩くのは精神的に辛いかもしれない。その場合は、午前と午後に行われるツアーに参加したい。

景美人権文化園区のビジターセンターでは、ボランティアが質問に答えてくれるので、当時のことを尋ねてみたい。ただし、自らが辛い経験を経たという人もいるので、慎重かつ礼儀正しい態度を心掛けたい。

2017年は戒厳令解除から30周年という節目であった。そのため、台湾各地で過去を振り返る展示やシンポジュウムが行われた。しかし、正確な逮捕者数や処刑者数は不明であり、補償問題も未解決である。これらは今も台湾最大の社会問題となっている。

> 国家人権博物館　白色恐怖景美記念園区
> 住所：新北市新店区復興路131号　　電話：02-22182438　　FAX：02-22182436
> http://www.nhrm.gov.tw
> 開放時間：火～日　9時～17時（月休）　※定時ツアー午前10時30分～、午後14時30分～
> 予約電話：02-82192692（英語、日本語）ツアー予約は1週間前まで。

関連施設

緑島人権文化園区

台湾東海岸、太平洋を臨む台東市から海路で33キロ東に浮かぶ緑島は、日本統治時代には火焼島(かしょうとう)と呼ばれていた。今ではマリンスポーツや海底温泉の朝日温泉などレジャースポットとなっている。

しかし、年配の台湾人に「緑島に遊びに行く」と言うと、間違いなく怪訝な表情をされる。戒厳令時代、緑島といえば監獄を意味したからである。名称は「保安司令部新生訓導処」（1951～1965年）、「国防部緑島感訓監獄」（1972～1987年）と変わったが、多くの人は「新生訓導処」の名称を覚えている。これは政治犯の思想改造教育を意味する。

刑期が満了しても「思想未だ改正せず」との理由で労役が続けられた例は多い。例えば先述の柏楊も緑島に収容された。蒋介石の死去で8年に減刑されたが、満了後も釈放されずに9年間も拘束された。

1999年12月には緑島人権記念碑が立ち、李登輝総統が出席して政府を代表して政治受難者に謝罪した。2005年に台東県政府によって歴史的建築物に登録、現在は国家人権博物館として見学が可能である。1972年に竣工した監獄は「緑洲山荘」と呼ばれ、現在では関連資料が展示されている。

> 国家人権博物館　白色恐怖緑島記念園区
> 住所：台東県緑島郷将軍岩20号　　電話：089-671095
> 開放時間：月～日　9時～17時　※定時ツアーあり

地域：桃園

両蔣文化園区

蔣介石・経国父子が眠る場所

蔣介石とともに戦った大陸出身の老兵。

慈湖雕塑紀念公園（ツーフー）
――台湾中から集められた蔣介石像

　少し前の台湾では、至る所で蔣介石像を見ることができた。校庭や公共施設、公園や広場には必ずあった。教室の壁には蔣介石と孫文の肖像がかけられており、生徒は毎日敬礼をした。公共施設などには蔣介石に感謝する「蔣恩堂」「蔣公感恩堂」などの名称がつけられた。蔣介石を「民族の救星」だと讃える「蔣公紀念歌」は一定の年齢以上の台湾人なら今でも歌える。

　しかし、時代は変わった。密告や不当な逮捕におびえる戒厳令は終わり、言論の自由が保障される民主化の時代が到来した。時代の変化は人々の態度も変えた。もはや本音を隠す必要がなくなったのである。

蔣介石像

　すると、長年権力を独占した国民党に対する怒りが噴出した。蔣介石像は台湾人が怒りをぶつける絶好の標的となった。各地の蔣介石像は急速に姿を隠した。外省人が多く住む眷村や軍事基地周辺の公共施設では今でも見かけるが、かつてほどではない。

　毎年2月28日は、国民党独裁時代に対する批判が高まる。2017年2月28日

蒋介石像

蒋介石像

蒋経国像

高さ6メートルを誇る最大の蒋介石像

孫文像

には、輔仁大学（新北市）構内に残っていた蒋介石像が学生を含む男女4名によって破損された。国民党の権威主義体制の象徴である蒋介石の銅像が大学構内にあることに不満を抑えきれなかったのである。

学生達は、かつてなら国家元首を侮辱したとして死刑は免れなかったであろう。しかし、輔仁大学は「いかなる破壊行為も許されない」と言いつつも、学生達を告訴することはなかった。「学生らの考えを尊重」したからというのが大学の説明であった。もはや誰も蒋介石を擁護しなくなったのである。

追われる身となった台湾中の蒋介石像は、2000年頃より桃園市の山中にある慈湖に集められた。慈湖には蒋介石が晩年過ごし、今も遺体が安置されている「慈湖陵寝」がある。蒋介石像の安住の地としては最適である。

こうして設けられた慈湖雕塑紀念公園には219体の蒋介石像が展示されている。また、孫文像27体と蒋経国像2体も同居している（2017年現在）。輔仁大学の蒋介石像も修理後に加わる予定である。今後も、学校や公共施設などから申し出があれば引き取りにいくとのことである。

慈湖陵寝

　公園側は、銅像や石像はあくまでも芸術作品として扱っている。そのため、展示方法も工夫され、野外美術館のように美しい。山奥で交通の便は決して良くないが、年間360万人が鑑賞に来る。

　筆者の見るところ、見学者の大半は中国人であった。大型バスを何台も連ねて現われるところを見ると、かなり人気のスポットとなっているようである。

　中国人を観察してあることに気づいた。蒋介石像が緑豊かな公園に美しく陳列されているのを見て、「台湾人は蒋介石を今も敬愛している」と受け止めているようなのである。台湾社会で居場所がなくなったとは思いもよらないのであろう。

　公園の訪問者は中国人観光客だけではなかった。私が見たのは車いすに乗る老人であった。孫娘と公園をゆっくり一周して蒋介石像を静かに眺めていた。聞けば大陸出身の老兵であった。国共内戦を戦い、蒋介石とともに台湾に逃れ、大陸奪還の日を夢見たのである。しかしその日は来なかった。台湾に生まれた孫娘は、もはや大陸を故郷とは思っていないとのことであった。

慈湖陵寝——蒋介石が眠る場所

　慈湖陵寝へは、慈湖雕塑紀念公園から前慈湖の脇を歩く。ここには、1975年に没した蒋介石が今も眠る。台北近郊で育った中年以上の台湾人は、学校行事で慈湖陵寝を訪ね、整列して敬礼したことを覚えているはずである。

　このあたりの景色は、故郷の浙江省奉化に似ているとして晩年の蒋介石が愛した。慈湖という名称は、母に対する思いを込めて蒋介石が自ら名付けた。

　慈湖陵寝は陸海空三軍の衛兵が守っており、交代式も行われている。福建省と浙江省の伝統が融合した建物に入り、回廊を歩くと一番奥に蒋介石の遺影と十字架、そして遺体が入る棺が安置されている部屋の前にでる。

本来は土の中に埋められるべき棺が部屋に安置されているのは、蒋介石が「大陸奪回後に南京の紫金山に埋葬してほしい」と息子の蒋経国に言い遺したからである。つまり、現在は仮置きの状態である。中国人観光客は「蒋介石は中国人だから祖国の土に還りたいのだ」と納得していた。これを聞いた台湾人は「蒋介石は中国人だから台湾の土にはなりたくないのだ」とつぶやいていた。

訪問ガイド

●慈湖雕塑紀念公園の前の駐車場にある慈湖遊客服務中心は蒋介石・蒋経国に関する展示コーナーとみやげ屋が入る。慈湖陵寝よりさらに奥には後慈湖があり、蒋介石の住居や戦時司令部として準備された軍施設が残る。後慈湖の見学は事前に申請が必要である（ネットから可能 http://backcihu.tycg.gov.tw/）。

●蒋経国の棺が安置されている「大渓陵寝」「経国紀念館」も訪ねたい。蒋経国の棺も土に埋められていない。

●近くにある大渓老街は日本統治時代の建築が多く残る。1920年代の「壹號館」や1935年建築の大渓武徳殿（→ 118ページ）などは必見。

慈湖遊客服務中心
　住所：桃園市大溪区復興路1段1097号　　電話：03-38834437
　アクセス：桃園駅から桃園客運（バス）5090（林班口行）で慈湖下車すぐ

後慈湖
　住所：桃園市風景区管理所　　電話：03-3359031

経国紀念館　　住所：桃園市大溪区復興路1段1268号　　電話：03-3884437

壹號館　　住所：桃園市大溪区中正路68号

大溪武徳殿　　住所：桃園市大溪区普済路35号

桃園神社
とうえん

地域：桃園

台湾で唯一社殿が残る神社

文・写真 大谷優介

桃園神社中門
（2018.4）

　台湾の空の玄関口桃園空港から計程車（タクシー）で走ること20分、車は桃園市街の外れの小高い丘で停車した。運転手が目の前のコンクリートの階段を指さして「こっちだ」と教えてくれた。かつては鳥居が建っていたはずが、今は「桃園忠烈祠」の石柱と「奉献」と書かれた置石が一つ。ここが「桃園神社」の入口だった。

　長い石段を登り切ると、広い空間に立派な石灯籠が整然と並び、鳥居、そして奥には重厚感のある楼門がそびえていた。玉石混淆のビルディングが並ぶ市街の喧噪と断絶され、私たち日本人にとってまさに「神社」の空間が広がっていた。全身が震えた。

強運の神社

　桃園神社は台湾で唯一、社殿が完全に残存している神社遺構である。境内の参道に沿って石灯籠、右手に日本家屋が建つ。笠木が外された正面の明神鳥居（三の鳥居）は、やはり間が抜けたように感じる。三の鳥居をくぐると右手に立派な唐破風の社務所、手水舎、神馬、獅子、中門が続く。

　長い石段を登り、中門をくぐると、立派な「流造」の拝殿が見える。拝殿内には日本式の賽銭箱と中国式の香炉があり、さらに奥には本殿が建つ。日本時代は明治天皇など六神が祀られていたが、現在は抗日・反共兵士たちが祭祀されている。ここで神道式に礼と柏手をするべきなのか、台湾の神社を訪れる際は常に

桃園神社境内（2018.4）

中門から拝殿を望む（2018.4）

悩む。

　桃園神社の落成は1938（昭和16）年。この時期の台湾は、皇民化政策の一環として神社や祠の設置が進められていた。桃園神社もその一つであった。

　戦後、日本が台湾から去ると、祭神と氏子の居ない神社はその機能を失った。社格の高い神社は抗日英雄を祀る「忠烈祠(ちゅうれつし)」とされたが、多くは放置されて荒廃の一途をたどった。

　1972年の日華断交は台湾に残る神社建築にとってさらなる試練となった。中華民国政府は、忠烈祠となった新営神社など、日本時代の姿が残る多くの神社建築を徹底的に破壊したのであった。時の日本政府が選択した日台の断交が、台湾の人々にとっても親しみがある日本時代の遺産を喪失させたのである。

　また、台湾は地震や台風が多発する。そのため、人為的な破壊を免れたとしても、自然災害によって倒壊した神社は多い。また、嘉義神社のように火災で焼失した神社も存在する。

　しかし、「強運」を持っていた桃園神社はこうした受難の時代を生き抜いた。日本時代「県社格」だった桃園神社は戦後に台湾初の忠烈祠「新竹忠烈祠」（のち桃園忠烈祠）として生き残り、1970年代の破壊運動も乗り越えた。1985年、桃園県が老朽化した社殿の取壊しと新築を企図したが、学術界・住民は「貴重な唐朝形式の日本建築である」と反対の声を上げた。その結果、現状維持を目的とした修復工事が行われた。

　修理が完工した1987年は戒厳令が解除され、民主化の進展を背景に、1995年には国家三級古蹟として登録された。その後、再び老朽化が進んでいたが、2000年代以降の「台湾アイデンティティ」の勃興と日本時代の再評価、そして民衆レベルでの日本ブームが追い風となり、2015年から大規模改修が行われた。社務所は出入り可能な展示スペースとなり、水があふれる手水舎は柄杓が置かれ、神社の作法を人々に伝えるようになった。こうして、桃園神社は現役の忠烈祠でありながら、「神社文化園区」として整備保護されるに至ったのである。

　本来、神社は継続的な修繕システムがない限り、荒廃を免れない。しかし、桃

桃園神社本殿
(2018.4)

園神社は結果的に数度の「遷宮」が行われ、幾度も存続の危機を乗り越えてきた。今では、地元住民の憩いの場としてだけでなく、日本のサブカルチャーの影響を受けた若い台湾人が「日本を感じられる場所」として訪れている。

今、日本人観光客による台湾パワースポット巡りが人気だ。本書の読者には、日台の関係史を学べる場として、さらには「強運」を持つ隠れたパワースポットとして、ぜひ「桃園神社」を訪れていただきたいと思う。

桃園忠烈祠・神社文化園区（旧：桃園神社）
　住所：桃園市桃園区成功路3段200号
　アクセス：台鉄桃園駅よりバス「栄民総医院」下車

コラム 台湾に残る神社の足跡

文・写真 大谷優介

黄金神社と九份の街

それは人生二度目の台湾旅行でした。台北で友人の結婚披露宴に出席した後、平渓線に乗るため一人で台鉄に乗車したときのことです。隣に座る老紳士が、私に話しかけてきました。

「君は日本から来たのかい？」

それはとても綺麗な日本語——そう、私にとっては初めてとなる日本語世代の方との会話でした。私が日本人であること、平渓線に乗りにいくことを伝えると、老紳士はこう言いました。

「平渓線もいいけれど、ぜひ九份の先にある金瓜石に行きなさい。あそこは皇太子様をお迎えするために造られた街がある。とても良いところだから」

私は彼の言葉に誘われ、金瓜石へ向かいました。集落を抜けて長い石段を登ると、荘厳な黄金神社の跡が「天空」に浮かんでいました。過去の日本が突然立ち現れたかのような幻想的な光景にしばらく言葉を失いました。

この感動が端緒となり、私は台湾を訪れるたびに神社の遺構を探すようになりました。あのときの老紳士と黄金神社との出会いが、私の台湾観と、さらには人生も変えたと言っても過言ではありません。

このコラムでは、こうした出会いを通じて私が訪れた中から、ぜひみなさんにも知っていただきたい神社をご紹介します。

黄金神社（金瓜石社）

アニメの舞台ともいわれる人気の観光地「九份」の先、バスの終点が金瓜石です。名前のとおり、かつて金山で繁栄した集落です。1923年の皇太子（後の昭和天皇）台湾行啓の際に設けられた「太子賓館」をはじめ、日本時代の建築が数多く残されています。金山・鉱山跡に建つ「黄金博物館」では、清朝時代に始まる台湾の金鉱の歴史が学べます。坑道内の探検もお勧めです。

黄金博物館の裏手の山を20分ほど登ると、鳥居が見えてきます。これが黄金神社（正式には「金瓜石社」）一の鳥居です。さらに登ると二の鳥居と6つの灯籠、そして10本の石柱が現れます。かつて拝殿だったこの石柱はパルテノン神殿を連想させ、東シナ海を見下ろす黄金神社はまさに「天空の遺跡」といえます。

黄金神社は、金山の経営権を持つ日本鉱業（現：JX金属）が1933年3月2日に建立しました。祭神は大国主命、金山彦命、猿田彦命。さらに神社としては珍

黄金神社本殿跡（2015.9）

しく、媽祖生誕祭が行われていました。

鉱夫らの信仰の拠り所であり、大規模な祭りも行われていましたが、日本統治時代が終わると荒廃が進みました。しかし近年、金瓜石・九份の観光地化に伴ってパワースポットとして整備されました。さらに2012年には日本時代の祭りが地元住民らによって復活しています。

黄金神社への坂や石段は少し険しいため、サンダルやハイヒールは避けたほうが良いでしょう。九份に行く機会があればぜひとも金瓜石まで足を延ばしてください。

名称：黄金博物館・金瓜石神社遺址　　旧称：金瓜石社（黄金神社）
住所：黄金博物館　新北市瑞芳区金瓜石金光路8号
アクセス：台北駅・瑞芳駅よりバス「黄金博物館」下車　徒歩20分

通霄神社

通霄神社と台湾人の若者（2017.9）

　台湾でも比較的良い状態で残っている神社の一つ、通霄神社。1937年の建立時は天照大神・能久親王が祀られていました。戦後は国民党政権によって一時的に忠烈祠（戦死した英霊を祭る廟）とされましたが、1999年の地震で大きく損壊しました。2002年に苗栗県が文化財に指定、2005年に修復され、現在は日本を身近に感じることができる場として台湾の若者が注目しています。

　本殿は戦後まもなく取り壊されましたが、基壇は綺麗に整地されています。拝殿は1947年に閩南式に改築されていますが、柱や梁、そして屋根は神社建築の面影が残っています。一の鳥居、二の鳥居、そして灯籠も日本時代の姿で残されています。

　参道の手前には日本時代の社務所と休憩所があります。唐破風の社務所は、戦後に大陸人が住み着いたため修繕できず、一時は倒壊寸前となりました。しかし2017年に住人が退去したため、ようやく保護屋根が取り付けられました。近い将来、威風堂々たる日本建築が復活することでしょう。

　神社の裏山は「虎頭山」であり、かつては日本軍の要塞が構えられました。大砲型の抗日勝利記念碑は、かつては日露戦勝記念碑でした。「ロシアバルチック艦隊を発見した」と訛伝された山頂の展望台からは絶景が楽しめますので、ぜひあわせて訪れてください。

名称：通霄忠烈祠遺址　　旧称：通霄神社
住所：苗栗県通霄鎮通西里虎山路　　アクセス：台鉄通霄駅より徒歩すぐ

鹿野神社

　近年、台湾では歴史の再評価に伴い、神社の再建・復元も行われています。その一つに鹿野神社があります。

　日本統治時代、現在の台東県龍田社区には龍田村と呼ばれた移民村がありました。かつて、この地には多くの新潟県民が入植しました。現在も多くの日本建築が残されており、在りし日の生活がしのばれます。

　鹿野神社の建立は、この地に来た日本人移民の希望でした。1921年に別の場所に設けられ、1931年に現在の場所に移

転してきました。戦後は破壊され、わずかに基壇を残すのみでしたが、2015年に交通部観光局が新しい観光スポットとして龍田社区の再整備を発表し、同年10月には鹿野神社の鳥居・手水屋・本殿が落成しました。かつてのように御神体はありませんが、日本の宮大工も協力して忠実に再現されています。荘厳な本殿と鳥居の横に、派手な中国式の塔が建てられている光景は、なんとも奇妙であり、台湾の歴史の多面性を表しています。

龍田社区は台鉄鹿野駅を降りて路線バス約5分の風光明媚な村です。ぜひバス停前の店で自転車を借りてゆったりと巡ってください。

鹿野神社（2016.4）

名称：昆慈堂・龍田文物館
旧称：鹿野村社（鹿野神社）
住所：台東県鹿野郷光栄路308號
アクセス：鹿野駅・台東駅から鼎東客運山線、「臺灣好行」縱谷鹿野線「昆慈堂」下車すぐ

末廣社（ハヤシ百貨店）

末廣社（2015.2）

グルメの街「台南」で人気の観光スポット「ハヤシ百貨店（林百貨）」にも神社が残っています。ハヤシ百貨店は日本時代の1932年に開業したデパートで、戦後は荒廃しましたが2014年にリニューアルオープンしました（→90ページ）。日本をイメージした店内は台湾人に人気です。ハヤシ百貨店の屋上には小ぶりな鳥居と基壇があります。これがかつての末広社であり、1932年の百貨店開業からおよそ半年後に建立された産業の神でした。

1945年3月1日、米軍の空襲によって屋上が破壊され、戦後のハヤシ百貨店は工場や軍隊の事務所となりました。そのため末広社は荒れ放題でしたが、リニューアルを期に一部が修復され、当時の姿を伺い知ることができます。ハヤシ百貨店の屋上にはこの神社跡に加えて米軍の機銃掃射痕も残っており、台湾が辿った歴史を感じることができるでしょう。

名称：林百貨
住所：台南市中西区忠義路2段63号
旧称：ハヤシ百貨店 末廣社
アクセス：台鉄台南駅から徒歩15分

新城神社（新城天主堂）

新城神社（2015.2）

花蓮にある新城(しんじょう)神社は、世にも珍しい「神社を使ったキリスト教会」です。台湾一の絶景といわれる「太魯閣渓谷(タロコ)」の玄関「新城郷」にあり、太魯閣を巡るならば是非とも立ち寄りたい神社遺跡です。

改造された一の鳥居には「新城公園」、二の鳥居には大きく「天主教会」と書かれています。向かって右手には教会の建物があり、かつて本殿があった場所にはマリア像が鎮座しています。また、第三の鳥居は神社時代と変わりませんが、灯籠が並ぶ先にはマリア像を守護する一対の狛犬が睨みをきかせています。このように様々な文化や宗教が入り乱れた姿は、台湾の多元的な宗教観を反映しています。

新城神社の始まりは、日本の圧政に蜂起した台湾原住民の鎮圧で命を落とした殉職軍人・警察官の招魂碑（1914年）でした。そして1937年に神社となりました。

日本統治が終了すると神社は廃止されましたが、神社様式を気に入った教会関係者が、一部を流用して1967年に教会を設置しました。このため、神社と教会が混在しているのです。鳥居などの改変は、国民党の破壊を逃れるためであったようです。

境内に日本人警官らの慰霊碑も残る新城神社は、かつて台湾が日本領だった事実だけでなく、日本が原住民を支配しようと力に訴えた悲しい歴史も伝える存在であると言えます。

名称：新城天主堂・新城神社遺址
住所：花蓮県新城郷博愛路64号
旧称：新城社（新城神社）
アクセス：台鉄新城駅から徒歩15分

「神社」の再評価

日本による台湾統治開始の翌年である1896年、鄭成功を祀る「開山王廟」（台南）が開山神社となりました（→97ページ）。これを皮切りに、台湾全島で300社近くの神社が建てられたといわれています。しかし、日本統治が終わるとほとんどが廃れ、忠烈祠として改造された神社を除いて多くが破壊されました。

「神社」復興の時代

しかし近年、廃墟となった多くの神社跡が、町おこしや地域コミュニティの起爆剤として、さらには本来の役目である宗教施設として注目されています。

例えば、地域の歴史を後生に伝えるため、2010年の花蓮県玉里神社（1926年鎮座）や2014年の花蓮県林田神社（1915年鎮座）の鳥居や参道が、自治体の支援を受けた住民によって整備されました。また、2015年には、台中市が台中神社（初代・1912年鎮座）の鳥居の修復計画を発表しました（→70ページ）。

台湾最南端の屏東県山中では、2015年に高士神社（クスクス社）が本物の神社として再建され、台湾人の若い神職も生まれました。もともとは1937年に天照大神を祀る祠として建てられ、「クスクス社」としてパイワン族（牡丹社事件で有名）の信仰の場となっていました。戦後に廃社となりますが、日本兵として戦死した原住民の魂が還る神社として近隣住民は清掃を怠らず大切にしてきました。こうした住民の声を聞いた日本人神職が神社を再興し、戦死した原住民を祀る神社として、遷座祭を行いました。日本統治時代には皇族も滞在した四重渓温泉から車で30分のところにあります。神社と温泉をセットで訪ねると、台湾の歴史を肌で感じることができるでしょう。

コラム・台湾に残る神社の足跡

名称：玉里神社遺址
旧称：玉里社（玉里神社）
住所：花蓮懸玉里鎮西邊街
アクセス：台鉄玉里駅より徒歩15分

名称：台中中山公園
旧称：台中神社
住所：台中市北区公園路
アクセス：台鉄台中駅より徒歩10分

名称：林田史蹟公園
旧称：林田神社
住所：花蓮縣鳳林鎮大栄里復興路41巷
アクセス：台鉄鳳林駅より車で10分

名称：高士神社（クスクス社）
旧称：クスクス祠
住所：屏東県牡丹郷高士村
アクセス：車城バス停から車で45分

台湾「神社」への視座

これまで述べてきた通り、台湾では神社が再評価され、復元されています。しかし、これらの事実を根拠として安易に「台湾人は親日だ」と結論づけるのは早計です。今、台湾人は、国民党によって歪められてきた台湾の歴史を、自ら洗い直す作業の最中にいます。私たちは、台湾人が経験してきた複雑かつ過酷な歴史を共に理解する視点が問われているのです。

神社再評価に対する反対意見もあります。2017年5月には、逸仙国民小学校（台北市北投区）の正門に置かれていた北投神社の狛犬が大陸派元市議によって破壊されました。同年8月には、日本時代に治水工事で命を落とした人々を祀る圓山水神社（台北市士林区）が破壊や盗難にあっています（→29ページ）。鹿野神社や高士神社の復元に反対する声もありました。

こうした台湾社会における複雑な歴史のうねりを直視し、冷静に受け止めることが台湾を真に理解するためのスタディツアーの第一歩であるべきだと思います。

被害直前の北投神社狛犬（2017.4）

参考文献

黄士娟「台湾の神社とその跡地について」『研究成果報告書　海外神社跡地から見た景観の持続と変容』13-21, 2014

金子展也『台湾旧神社故地への旅案内――台湾を護った神々』神社新報社、2015

金子展也『台湾に渡った日本の神々――フィールドワーク日本統治時代の台湾の神社』潮書房光人新社、2018

臺灣總督府文教局社會課編『臺灣に於ける神社及宗教（昭和14年度）』臺灣總督府文教局、1939

姚銘偉 他「特集　象徵台灣的神社」『薰風』創刊号：18-87, 成蹊社、2017

西村一之「台湾東部における「歴史」の構築――「祠」から「神社」へ――」日本女子大学紀要．人間社会学部 21,1-16, 2010

林承緯「保護、展示そして再建　――台湾に残る日本統治期の宗教遺産――」『人文學報』108: 21-34, 2015

黒蝙蝠中隊文物陳列館

地域：新竹

台湾海峡を越えて大陸上空に侵入した極秘偵察部隊

黒蝙蝠中隊文物陳列館の外観

極秘の空軍偵察部隊

台北の松山空港や桃園空港には中国から来た旅客機で溢れている。台湾の航空会社も、中国各都市へ直行便を運航している。「かつては台湾と中国を結ぶ直行便は存在しなかった」と言っても、最近の若者は信じられないだろう。

両岸直行便が登場したのは2008年末のことである。それまでは、香港か日本を経由しなければならなかった。そもそも、対岸への渡航は簡単には許されなかった。台湾海峡には高い壁がそびえていたのである。

しかし、中国と台湾が最も軍事的に緊張していた時、台湾海峡を越えて大陸上空に潜入する台湾の飛行機が存在した。目的は敵情把握であった。偵察衛星が未発達の時代では、偵察機の役割は大きかった。こうして情報収集を行った「黒蝙蝠中隊」（中華民国空軍第34中隊）と「黒猫部隊」（同第35中隊）を紹介する展示館が2009年11月にオープンした。場所は、かつて黒蝙蝠中隊の隊員宿舎があった跡地である。展示からは、中国と台湾が軍事的に緊張していた当時の空気がひしひしと伝わってくる。

アメリカの支援で生まれた偵察部隊

黒蝙蝠中隊と黒猫部隊の実質的な産みの親はアメリカであった。訓練を与えたのもアメリカ人であった。そのため、黒蝙蝠中隊文物陳列館は、アメリカ軍アドバイザーが住んだ宿舎と同じ外観となっている。

ヴェトナム上空で撒いた宣伝ビラ

陳列館内部

黒蝙蝠中隊が創設される契機は朝鮮戦争であった。開戦2年後の1952年、アメリカ中央情報局（CIA）は台北に「西方公司（Western Enterprises）」を設立し、軍事の専門家を集めた。これは、中華民国（台湾）国軍に軍事的支援を与えるためのダミー組織であった。目的は、国軍を支援し、台湾海峡の緊張を高めることにあった。緊張が高まると、中国は台湾海峡に気を取られ、朝鮮戦争に専念できなくなる。こうして中国の北朝鮮支援をけん制することを狙った。実際、台湾海峡では、西方公司の援助で南日島や東山島での軍事衝突が生起している。

黒蝙蝠中隊は西方公司の全面支援で1952年に創設された。本拠地を新竹空軍基地に置き、米軍から提供されたB17爆撃機を改造して偵察機とした。中国上空では高度300メートルまで降下したために非常に発見されやすく、20年間で15機が撃墜、148名が殉職している。

1961年、西方公司は黒猫部隊を新設した。本拠地は桃園航空基地、使用機材は高度偵察が可能なアメリカ製U-2偵察機であった。黒猫部隊はその性能を生かし、中国の原子爆弾実験や中ソ軍事衝突に関する貴重な情報も入手したといわれている。

また、蒋介石は、黒猫部隊に自分の母の墓所がある浙江省渓口鎮の偵察を命じて、その無事を確かめさせていたというエピソードが伝えられている。今なら公私混同と非難されそうであるが、当時では親孝行の美談とされたようである。

両部隊の乗組員は中華民国空軍の精鋭が集められた。教官はアメリカ人であり、訓練は沖縄の米軍基地やアメリカで行われた。

しかし1970年代冒頭に入ると、米中両国が接近した。その影響を受けてアメリカは台湾への軍事支援を制限した。そのため、両部隊は1973～4年頃に活動停止を余儀なくされた。黒蝙蝠中隊と黒猫部隊は、国際政治に翻弄された台湾の命運を象徴する存在であったといえる。

再び注目される「黒蝙蝠中隊」と「黒猫部隊」

2016年12月、黒猫中隊の搭乗員であった葉常棣少佐の葬儀が台北で行われた。参列者には蔡英文総統、馬英九前総統、国防部長、空軍司令の姿もあった。このため、多くのメディアが取り上げた。

1963年11月、葉常棣が搭乗するU2偵察機が中国江西省上空で撃墜された。葉常棣は奇跡的に助かり、中国の捕虜となった。

1982年、ようやく香港で釈放されることになった。しかし、祖国の台湾が帰還を許さなかった。すでに英雄として空軍墓地に葬られたからである。

そこで、葉常棣はCIAの援助でアメリカに移住した。台湾の土を踏むことができたのは民主化後の1990年のことであった。

このように、葉常棣は台湾政治に翻弄されて理不尽な扱いを受けた。彼の葬儀に総統をはじめとする指導者が参列したのは、政府がその非を認めたからである。これがきっかけとなり、黒猫部隊や黒蝙蝠中隊に対する注目が増えた。それは戦後台湾の軌跡を振り返ることでもある。

部隊名	黒蝙蝠中隊 （空軍第34中隊）	黒貓中隊 （空軍第35中隊）
期間	1952年～1973年	1961～1974年
偵察空域	低空偵察	高度偵察
使用機材	B17、B26、P2V-7、P-3A	U-2
任務回数	838回	約200回
犠牲	148人、15機	10人、15機

住所：新竹市東大路2段16号　　電話：03-5425061
アクセス：台鉄新竹駅から徒歩約20分
開館日：火～日、9時～17時（月曜・祝日、選挙日は休館）

地域：台中

台中の街

台湾人が選ぶ「住みたい都市」

　台中市の人口は276万人。都心部は整然としており、緑が豊かで気候も穏やか、台風被害も少なく、住むには快適な街である。最近では、カラフルなペンキ画が有名な「彩虹眷村」や日本統治時代の建物をリノベートした「宮原眼科」が人気観光スポットとなっている。

　台中は人気の高い日月潭や鹿港へのアクセスポイントでもある。ここでは、日本と縁がある歴史的な建物を中心に台中駅付近の見どころを紹介する。

台中市政府庁舎（旧台中州庁）

　森山松之助の設計で1913年の竣工。1934年に増築されて現在の姿になる。白壁と赤レンガ、深緑のヤシの葉のコントラストが南国的な華やかさを醸し出して美しい。

　当初は「台中庁」、1920年に台中州が設置されると「台中州庁」となった。台中州は、現在の台中市に彰化県と南投県を加えた広大な地域であった。当時の台湾は5州（台北州、新竹州、台中州、台南州、高雄州）と3庁（台東庁、花蓮港庁、澎湖庁）であった。

　現在は台中市政府の都市発展局と環境保護局のオフィスとなっている。観光地ではないが見学は可能（台中庁庁舎付属建築も周囲に残る）。市府路脇にレンタサイクル（U-Bike）のスポットがあり、台中散策の起点となる。

住所：台中市西区民権路99号

台中駅旧駅舎

　台湾総督府鉄道部工務課の設計で1917年の竣工。赤レンガを使ったバロック式建築で、中央には時計台が立つ。2016年1月に高架の新駅が完成したことで駅としての役割を終えた。今後は、1930年代の駅倉庫などと共に新たな歴史観光スポットとなる予定である。新旧駅舎が並ぶ光景も面白い。

旧台中市役所

　1911年竣工の2階建てバロック建築。左記の台中市政府庁舎（旧台中州庁舎）と隣接する。1920年の台中州設置と同時に台中市が生まれ、ここが台中市役所となった。初代台中市長の金子恵教が台中市誕生を宣言した場所でもある。戦後は国民党が接収した。市政資料館を経て、現在は台中市文化局と英国紅茶専門店（古典玫瑰園）がコラボしたレストランカフェ「台中市役所」（市役所は日本語読みで「しやくしょ」と発音）が入る。

住所：台中市西区民権路97号
電話：04-35077357
営業時間：9時～21時（2階は17時まで）
休館日：第3月曜
https://www.facebook.com/taichungshiyakusho/

台中市政府警察局第一分局　（旧台中警察署）

　日本統治時代は台中警察署であった。台中州土木課の設計で1934年の竣工。戦後は台中市警察局。1992年、警察局が新庁舎に移転すると第一分局となり現在に至る。正面玄関は丸みを帯びた建物の角にある。2004年に歴史建築に指定。特に見学規定はない。

台中文学館

　平屋の和風建築が6棟並ぶ。警察宿舎として1932年に建てられた。前掲の台中警察署とは徒歩5分の距離。

　2009年に歴史建築に登録され、2016年8月に台中文学館となった。2017年9月にはカフェレストラン「櫟舎文学餐庁」がオープン。敷地内のガジュマル（榕樹）の木が見事。

住所：台中市楽群街38号　電話：04-22240875
開館時間：10時～17時　休館日：月曜・祝日
http://www.tlm.taichung.gov.tw

台中神社跡

　台中公園内に建てられた神社。1912年の創建。戦後に破壊されたが、最近は復元が進む。参道に並ぶ灯篭の台座には日本人寄贈者の名前と台湾に移住した年月が刻まれており、当時の日本人の姿が眼に浮かぶ。鳥居は横に寝かされており、少し前まではベンチ代わりであったが、今は生垣が周囲を囲んで人を寄せ付けない。1942年11月には現在の台中孔子廟がある場所に遷座した。しかし、その2代目台中神社は痕跡すら残っていない。

住所：台中市北区公園路

彰化銀行本店と行史館

1905年に彰化で設立された歴史ある銀行。1910年、本社が現在地に移転してきた。現在の建物は畠山喜三郎（台中州内務部土木課建築技師）と白倉好夫（台湾総督府の営繕課技師）が設計し、1938年に落成。2階は銀行の歴史を展示する行史館が入り、日本統治時代の資料も並ぶ。見学には予約が必要。近くには1935年に建てられた2階建て日本家屋「彰化銀行継光街宿舎」が残る。2015年に市定古蹟に指定（台中市西区継光街9号）。

住所：台中市中区自由路2段38号
電話：04-22230001
開館時間：月～金の営業時間

台湾太陽餅博物館

太陽餅（たいやんぴん）は台中名物のお菓子。食べると皮がぽろぽろ落ちる。台中の至るところで売られている。台湾太陽餅博物館は日本統治時代の赤レンガ建築を利用している。彰化銀行本店の隣。館内は台中の歴史や台湾のお菓子に関する解説が豊富である。太陽餅の名前の由来は、一説には丸くて日本の日の丸に似ているからだとか。2階にはカフェもあり居心地が良い。

住所：台中市中区台湾大道1段145号
電話：04-22295559
営業時間：8時～21時　無休
http://www.sunnycake.tw

台中市郊外の歴史スポット

名称	解説	場所・問い合わせ等
清水公学校日本式宿舎群	清水国民小学の起源は1897年に開設された「台中国語伝習所」。キャンパス北側に日本統治時代末期の宿舎6棟が残る。	台北市清水区鎮南街59〜79号（台中市清水区清水国民小学の北側）清水国小に連絡して見学予約を取ること。電話：04-26222004
牛罵頭遺址文化園区清水神社遺構	「牛罵頭」は清水区の旧称。新石器時代の遺跡として有名。また、日本時代に作られた「清水神社」には参道や狛犬などが残る。戦後は2005年まで陸軍の駐屯地。	台北市清水区鰲海路59号電話：04-26220800 http://niumatou.taichung.gov.tw/index.aspx
月眉観光糖廠	1909年創設の日糖興業株式会社所属「大甲製糖所」。戦後は「台湾糖業股份公司月眉糖廠」、1999年まで生産。「函底隧道」（ボイラーと煙突の間にある煙道）が珍しい。第2次世界大戦の空襲でついた痕跡が多く残る。	台中市后里区甲后路2段350号電話：04-25582835 https://www.tscleisure.com.tw/tourism/yuemei/about.htm 年中無休 8時30分〜17時30分
美軍駐清泉崗基地足跡館（台中空港）	1936年にできた空港、戦後は中華民国空軍が使用。ベトナム戦争をきっかけに米軍が進駐、1979年の撤退まで極東最大の米空軍基地であった。足跡館は米軍の紹介がある。台中空港周辺には米軍宿舎が現存。	清泉崗基地（台中空港）中華民国空軍に問い合わせのこと。電話04-25623411（内線573321）
大楊油庫	清泉崗基地の駐留米軍が建造した爆撃機の燃料庫施設。直径28.4メートル、高さ16メートル、計7つ。現在、一つが残されている。	台中市清水区楊暦段（清水区大楊国小の隣、清水大楊油庫休憩公園内）
大里杙文化館	1929年建設の大里杙保正集会所。1999年に始まった大里杙老街風貌再造計画で文化館に。過去の資料が展示されている。	台中市大里区新興路2号問い合わせは大里区公所電話：04-24063979（内線552）9時〜17時（月曜休）
台中支局葉煙草再乾燥場建築群	1905年、台湾総督府は煙草専売制度を導入。台湾5大葉タバコ再乾燥場のうち、ここのみ稼働中。1942年の汽缶室など建築群は歴史建築に指定。	台中市大里区中興路二段704号稼働中の工場なので見学不可。

地域：台中

宝覚禅寺

日本と台湾の生々しい歴史を考える場所

台中のシンボル弥勒仏

　金色に輝く笑顔の仏様は台中のシンボル。日本人は布袋様というが、台湾人は弥勒仏という。台湾で布袋様は弥勒仏の化身だからだ。本堂は1927年の建立。参拝後は境内をぜひ歩いてほしい。そこには、日本人と台湾人が経てきた苦難の歴史が刻まれている。

2つの日本人遺骨安置所

　境内にはドーム状の「中部地区　日本人遺骨安置所」があり、日本統治期に亡くなった日本人の遺骨が安置されている。また、かつては台北市の中和禅寺にあった「東部北部地区　日本人遺骨安置所」が、近年この宝覚禅寺の境内に移転してきた。

　高雄にも「南部日本人遺骨安置所」（高雄市三民区覆鼎金公墓内）がある。この3ヵ所で収められている日本人の遺骨は実に2万柱に達する。この膨大な数の遺骨は、どのような経緯で集められたのだろうか。

　日本が敗戦した1945年当時、台湾には488,000人の日本人がいた。日本に代わって台湾の新たな統治者となった国民党政権は、日本人のうち技術者や研究者など約28,000人を「留用者」として台

日本人遺骨安置所（中部地区）

湾に留め、それ以外の日本人には退去を命じた。

多くの日本人は、台湾を新たな故郷と考え、不退転の決意でやってきた。しかし退去命令に逆らうことはできなかった。新たな故郷は、突然「外国」となった。

台湾を離れる際、持ち出しが許されたのは一人あたり現金1,000円、日本までの食糧、リュックサック二袋分の荷物のみであった。家屋などの財産は放棄するしかなかった。ましてや、墓に眠る肉親の遺骨を持ち帰る余裕はなかった。こうして1946年4月までに退去が完了した。

日本人の遺骨回収に当たったのは、野沢六和さんという広東系台湾人と新潟出身の日本人妻ムメさんであった。戦後すぐの頃、六和さんは500柱の遺骨を郷里の苗栗の畑で見つけた。近くの陸軍病院で亡くなったと思われる遺骨であった。同じ頃、日本人が残していった墓が荒れて、遺骨が散乱していることを知った。

こうした経緯から、夫妻は日本人の遺骨回収を決意し、台湾全土を回った。そして、1947年から1960年までに2万柱を集めた。これらは日本国大使館に託された。大使館は台北・台中・高雄に安置所を設置し、定期的に慰霊祭を行った。

しかし、日華断交によって大使館も引き揚げた。その後は、台湾に縁のある日本人団体が慰霊と管理を引き継いだ。こうして現在に至っているのである。

台湾人日本兵の慰霊碑

さらに宝覚禅寺の境内には、第二次世界大戦で戦死した台湾人を慰霊する「霊

霊安故郷慰霊碑

安故郷慰霊碑」が立つ。1990年に建立された碑の正面には、李登輝元総統の「霊安故郷」という四文字が太く刻まれている。犠牲となった台湾人は、日本軍の一員として戦い、命を落としたのである。我々は改めてこの事実を心に刻みたい。

当初、日本統治下の台湾人には兵役義務がなかった。しかし日中戦争が勃発すると、軍属・軍夫の募集が始まった。そして、太平洋戦争開始後の1942年4月には、陸軍特別志願兵制度が始まり、1944年9月にはついに徴兵制が導入された。

こうして、終戦までに80,433人が日本軍の軍人となり、また126,750人が軍属・軍夫となった。そして、戦死及び病死者は30,304人を数えた。

彼らは、台湾から遠く離れた東南アジアや太平洋上の島々、あるいは海上で亡くなった。「霊安故郷」という文字には、魂は故郷の台湾に帰ってきてほしいとい

う願いが込められているのである。

多くの台湾人が日本人として戦ったが、戦争が終わり、台湾が中華民国となると、台湾人は日本人ではなくなった。そのため、日本政府は台湾人を補償対象から外した。「かつての戦友を見捨てるのか」という冷たい怒りが日本に向けられた。

一方の台湾人も、特に戒厳令下では、元日本兵であったことを明かすことはためらわれた。名簿や写真を焼却して過去を隠そうとする元日本兵も多くいた。元日本兵の戦友会を結成したくても、集会を重ねると反政府運動の計画と疑われて逮捕されるかもしれなかった。こうして、積極的に日本と交渉する機運が生まれなかった。

さらに1972年の日華断交があり、元日本兵や遺族への補償や慰霊はより困難となった。「日本は台湾を二度見捨てた」という声も挙がった。

台湾の戒厳令が解除された1987年、日本の国会は「台湾住民である戦没者の遺族に対する弔慰金等に関する法律」を成立させた。そして、ようやく日本政府による台湾人への弔慰金や見舞金支給が実現した。また、戦没者鎮魂への機運が高まった。こうして実現したのが、宝覚禅寺に立つ霊安故郷慰霊碑である。

この英雄碑を訪問したら、さらに右隣にある「和平英魂観音亭」もしっかりと見たい。この観音は、台湾人の戦争犠牲

「霊安故郷慰霊碑」と「和平英魂観音亭」建立に寄進した台湾人・日本人の名前を刻む碑。上部には旭日旗が刻まれている。

者すべてを弔うために立てられた。特に空襲による犠牲は甚大であった。

あまり知られていないが、台湾も非常に多くの空襲に苦しめられた。大都市への空襲に限っても、高雄（1944年10月12日、1945年1月15日）、台南（1944年10月17日、1945年3月1日、12日、20日）、台北（1945年5月31日）などが挙げられる。他にも多くの中小都市がターゲットなった。

日本兵として戦った台湾人は、何のために戦ったのか。空襲の犠牲となった台湾人は、なぜ犠牲となったのか。我々は宝覚禅寺でしっかりと向き合うべきであろう。

住所：台中市北区健行路140号　　電話：04-22335179
開放時間：9時〜17時

嘉義の街

台湾ヒノキと野球の街

地域：嘉義

　初めて嘉義を訪問した日本人は、なぜか「懐かしい」と感じる。おそらく、日本統治時代の木造建築が多く残るからだろう。

　嘉義は阿里山国家風景区の玄関口である。阿里山は樹齢1000年を超える台湾ヒノキが自生しており、明治神宮や橿原神宮の大鳥居ともなっている。

　木材輸送のために阿里山鉄道が開通したのは1912年。標高2,000m以上に達する世界屈指の登山鉄道であり、特に祝山から見る日の出は絶景で非常に人気が高い。

　嘉義はまた台湾野球の故郷である。嘉義農林学校（嘉農）野球部が1931年夏の甲子園大会（第17回全国中等学校優勝野球大会）で初出場ながら準優勝に輝いた栄光は今でも嘉義市民の自慢である。このストーリーは、2014年公開の『KANO 1931 海の向こうの甲子園』で映画化された。決勝戦があった8月21日は野球の日に指定されている。

北門駅

　台湾ベニヒノキを用いた1912年開業の駅。現在も阿里山鉄道の現役の駅として利用されている。近くには嘉義製材所動力室（1913年）や阿里山森林鉄路車庫園区などがある。林業で繁栄した嘉義の街と、林業を支えた阿里山鉄道を感じることができる。隣接する北門森鉄故事館には、1912年に米国LIMA社で製造された阿里山森林鉄道のシェイ式蒸気機関車が保管されている。

住所：嘉義市東区共和路428号

シェイ式蒸気機関車
（撮影：平賀匡）

檜意森活村（Hinoki Village）

檜意森活村

営林倶楽部

　北門駅の駅前通り（共和路）を歩くと、林森東路沿いに日本家屋の集落が広がる。ここは日本統治時代に「檜町」と呼ばれ、1914年頃から台湾総督府営林局が阿里山林業従事者の宿舎街を形成した。

　2005年、嘉義市定古蹟及び歴史建築に登録された。その後、台湾ヒノキを利用して日本家屋28棟が復元され、浴衣体験や和食のお店などが入る人気観光スポット「檜意森活村」となった。映画「KANO」の撮影場所にもなり、「KANO故事館」も設けられた。

　また、日本統治時代の阿里山林業の様子を紹介した展示館がある。樹齢1000年を超える神木の写真には驚くしかない。来賓の接待や日本人幹部の娯楽施設として用いられたチューダー風建築「営林倶楽部」（1914年）も訪ねてほしい。

住所：嘉義市東区林森東路1号
開館時間：10時～18時
http://www.hinokivillage.com.tw
電話：06-2761601
展示館休館日：日曜

台湾野球の故郷めぐり

中央噴水地の呉明捷投手

かつて嘉農があった地

「威震甲子園」の像

　嘉義は、台湾野球の故郷である。映画「KANO」上映翌年には「嘉農精神」を再現するマラソン大会「KANO RUN」が開催されるなど、嘉義野球への愛情と誇りを感じることができる。

　街で目立つのは、中山路、文化路、公明路、光華路などが交差するロータリー「中央噴水地」に立つ嘉農野球部エース呉明捷（1911〜1983年）の銅像である。映画「KANO」では、甲子園の決勝戦で爪が割れても投げ続ける姿が再現されている。卒業後は早稲田大学に進学、野手として東京六大学野球で活躍したがプロには進んでいない（嘉農野球部からプロ野球選手となったのは、巨人と阪神で活躍して野球殿堂入りを果たした呉昌征（1916〜1987年）などがいる）。なお中央噴水池には、かつて孫文像が立っていたが、2007年9月の大雨で倒れた。

　中山路を嘉義公園方向に歩くと国立嘉義高級商業職業学校がある。嘉農は1938年までこの場所にあった。そのため、嘉農の栄光を誇らしげに紹介している。

　現在、国立嘉義大学蘭潭校の校庭には「天下の嘉農」と書かれたボールのモニュメント、近藤兵太郎監督（1888〜1966年）と蘇正生外野手（1912〜2008年）の銅像がある。

　近藤の野球指導はスパルタ式で厳しかったが、日本人しか野球ができないという当時の風潮に立ち向かい、漢人や原住民に対して一切差別せず、各人が持てる能力を最大限に引き出した。そして、

民族混成チームこそが理想的なチームだと信じ、その可能性を甲子園で証明した。最近よく「グローバル人材」や「グローバルリーダー論」が教育やビジネス現場で議論されるが、すでに近藤は1931年にこれらを実践しているのである。

嘉義野球場には嘉農野球部を讃える「威震甲子園」の像と7頭の虎の像がある。これは1969年にリトルリーグ・ワールドシリーズで優勝した金龍少棒隊にメンバーを派遣した「嘉義市七虎少棒隊」にちなむ。

参考文献
古川勝三『台湾を愛した日本人〈2〉「KANO」野球部名監督・近藤兵太郎の生涯』アトラス出版、2016年。

嘉義公園

嘉義市史蹟資料館

1910年に造られた広大な公園。野球場や植物園、孔子廟、忠烈祠など見どころが多い。射日塔は、かつての嘉義神社の本殿であった。1915年に創立、戦後は忠烈祠となる。1943年建立の社務所は、戦後は国軍の病院などになり、現在は嘉義市史蹟資料館。2015年には嘉義市文化局が境内の手水舎に水を引いて復活させている。

嘉義市史蹟資料館　　住所：嘉義市公園街42号　　電話：05-2711647
http://www.cabcy.gov.tw/historical/

獄政記念館（嘉義旧監獄）

獄政記念館正面

博物館として一般公開されている刑務所といえば北海道の網走監獄がまず挙げられる。近隣諸国まで範囲を広めるならば、韓国ソウルの西大門刑務所、中国大連の旅順刑務所（「旅順日露監獄旧址」）などが思いつくであろう。

これらはいずれも日本と深い縁がある。西大門刑務所は日本統治時代の設置であり、旅順刑務所も日露戦争後より

周囲を取り巻く塀と見張り台

囚人房を見渡すことのできる仏壇

長らく日本が使用した。そのため、これらの刑務所を訪れると、どうしても帝国日本の負の部分が突き付けられる。特に西大門刑務所では、投獄された朝鮮人独立家が日本の官憲に拷問されるシーンが延々と続く。

嘉義旧監獄（旧刑務所）も日本統治時代の1922年に台南監獄嘉義支監として建てられ、1924年以降は終戦まで台南刑務所嘉義支所であった。そのため、日本の空気が濃く残っている。

しかし、嘉義旧監獄は、ソウルの西大門刑務所を訪れた時に感じる「後ろめたさ感」を日本人に与えることはない。民族闘争の精神の発揚や、過酷な植民地統治の糾弾といったコンセプトはそこにはない。

嘉義旧監獄のツアーガイドが解説してくれたのは、当時は最新式であった中央台から延びる放射状の囚人房、天井が高く通気性の良い構造など受刑者の健康に

天井が高く、ヒノキをふんだんに使った獄舎は、窓も大きく明るい。

配慮した設計など、近代的な側面であった。女性受刑者専用の「婦育館」は窓が多くて室内は明るい。監舎は嘉義という地域を反映してヒノキを大量に使っているため、木造建築特有の温かさがありコンクリートの冷たさがない。ここで目にすることができるのは、近代的かつ人道的にも配慮した設計の刑務所であり、日本人としては胸を撫でおろしたというのが本音であった。

住所:嘉義市維新路140号
開館時間：火〜日（月曜、台湾の祝日は休館）　団体は15日前までに予約。
9時30分、10時30分、13時30分、14時30分に開始されるツアーに参加すること
電話：05-3621873　　　FAX：05-3622036

地域：嘉義県

国家広播文物館

日本と中華民国の対外宣伝を担ったラジオ放送所

国家広播文物館

　嘉義駅から2駅北の民雄駅が最寄駅。民雄（日本人は「たみお」と読んだ）は、かつては「ターニャウ（打猫）」と呼ばれていたが、地名にふさわしくないとされ、日本統治時代の1920年に改名された。同時期、高雄も「打狗」から改名された。

　民雄の国家広播文物館は、かつては台湾一の高性能を誇るラジオ放送所であった。今は現役を退いているが、心臓部の送信機（NEC製）が動態保存されている。日本と中華民国という二つの国の対外宣伝を担った送信機の数奇な運命は、まさに台湾が歩んだ歴史でもあった。

圧倒的な高性能を誇った民雄放送所

　民雄に放送所の設置が決まったのは、日本統治時代の1937年のことだった。この年は日中戦争が勃発したため、頑丈な建物を最短工期かつ低費用で建てることが要求された。そのため、鉄筋コンクリート製の直線的な建物とし、主要機材は日本から輸送することになった。館内では日本から届いたアンテナ鉄材を牛が運ぶ写真が見られる。「台湾放送協会台北放送局民雄放送所」の開設は1940年であった。

　民雄放送所は、台湾では台北・台中・台南に続いて4番目に設置された。その性能は群を抜いており、他の放送所の送信出力はせいぜい10 KWであるが、民

送信機 MB15-A（NEC 製）

NEC のエンブレム

雄放送所は100 KWとけた違いであった。日本電気株式会社（NEC）の田中信高が設計したMB15-A型真空管冷却システム付送信機がその心臓であった。送信機の能力を最大限に生かすため、民雄放送所には206 mの鉄製アンテナが立てられた。雷雨時には被雷装置がパチパチと大きな音を立てて火花を散らした。そのため、民雄の人は「雷様の館」と呼んでいた。

日本の戦争とラジオ

当時の日本は中国大陸で中国と戦っていた。さらには南方への進出を狙っていた。そこで日本は、民雄放送所から日本の戦争目的やその意義を中国南部や東南アジアに向けて発信した。当時の言葉を使えば「日本の力強き姿を知らしめ、東亜新秩序に対する認識を与え」るためであった。そのため、民雄放送所から発信されるラジオ放送は、日本語以外に福建語・英語・北京語・広東語・マレー語が用いられた。

他方、中国も日本に抵抗するためにラジオを活用した。中国のラジオ放送局「中央広播電台」は連日反日放送を流した。日本語を用いて日本軍の兵士に直接訴える番組もあった。中でも良く知られていたのは、日本人女性を登用して、日本語で「私を売国奴と呼んで下さっても結構です。他国を侵略するばかりか、この世の生き地獄を平然と作り出している人達と同じ国民に属していることのほうを、私はより大きい恥としています」と語りかける番組である。これを聞いた日本兵の戦意を挫くことが狙いであった。

ちなみにこの日本人女性は山梨県出身の長谷川テル（1912～1947年）であった。彼女の正体を日本が知ったのは1938年10月に日本軍が武漢を占領した時であった。すると、日本のメディアは「祖国日本に弓を引く覆面の売国奴女性」（『都新聞』1938年11月11日号など）と一斉に批判した。

しかし、日本も女性を登用して敵の兵士に語り掛ける放送を行った。その敵はアメリカであった。

太平洋戦争が勃発すると、ラジオ・トウキョウの番組「ゼロ・アワー」は女性パーソナリティを登場させた。彼女は米

蔣介石が対日抗戦勝利宣言に用いたマイク（レプリカ）

弾痕

周囲に残るトーチカ

兵に「東京ローズ」と呼ばれた。そして、流暢な英語で「貴方の奥さんや恋人は今頃他の男に抱かれているわ」と戦地の米兵に語りかけたのである。東京ローズの声をフィリピンや南西太平洋の米軍に届けることも民雄放送所の仕事であった。

中国大陸の「敵」と戦う放送基地へ

1945年8月、日本が敗れて台湾は国民党の統治下に置かれた。民雄放送所はかつての敵である中央広播電台に接収され、「中央広播電台第一発射基地」となった。そして、中国大陸の共産主義勢力に対抗する国民党の放送所として活躍することになった。

中央広播電台はコールサインをVOFC（The Voice of Free China「自由中国の声」）と変えた。そして国民党の正統性と共産主義の脅威を広く世界に訴えるため、中国語・日本語・英語を用いた放送を始めた。1950年に朝鮮戦争が勃発すると、放送言語に朝鮮語・フランス語・ロシア語・アラビア語放送を加えた。1952年には、アメリカの技術援助を受けて送信出力を1.5倍に強化し、華中地域までラジオ放送を届けることを可能とした。放送言語も53年にベトナム語、翌54年にチベット語・モンゴル語・ウイグル語、57年にインドネシア語を加えた。

また、中国大陸に潜入している諜報員への暗号送信や、敵の戦闘機パイロットに台湾亡命を促す放送も行った。特に台湾に至る飛行ルートや気象情報などを詳細に発信し続けた。その効果として、

国家広播文物館

1977年には、この放送に誘導された人民解放軍の戦闘機が台湾に現れた。彼らは義士として迎えられた。

また、第一発射基地に設けられた「通信傍受課」は朝5時から深夜1時まで4交代で、「匪播」（共匪の放送、中国の中央人民播電台や人民解放軍の台湾向け放送「海峡之声」など）を傍聴して分析した。敵を知り、自らの宣伝放送を改善してその効果を高めるためであった。

こうして2つの国家のラジオ局として激動の時代を生きてきたが、1999年に国家広播文物館へと生まれ変わった。2001年には嘉義県政府が歴史建築に登録、「台湾歴史建築百景」にも選ばれている。

見学のヒント

館内には多くの展示物がある。蔣介石が対日抗戦勝利を宣言する際に用いたマイクのレプリカは、「中央電台」のレリーフが印象的であり、勝利宣言の写真と共に眺めると感慨深い。

見逃せないのは2階に設置されているMB15-A型中波送信機。同型機はわずか5台しかなく、現存はこの1台のみである。しかも動態保存されているため、

中央廣播電台民雄分台日式招待所

「生きた骨とう品」として大切に保管されている。また、太平洋戦争時に米軍の空襲によってできた弾痕、防空壕、鉄塔の跡なども見学したい。

団体見学では事前連絡をすると、ニーズに合わせた企画を提案してもらえる。個人見学でもスタッフが親切に解説してくれる。日本語の紹介ビデオもある。

隣接地には民雄放送所で働く日本人が住んだ1940年完成の和式建築「中央廣播電台民雄分台日式招待所」が並ぶ。リノベートが予定されており今後が楽しみである。

参考文献
台湾総督府交通局通信部「南方経営と台湾通信」『通信時局読本』1939年。

住所：嘉義県民雄郷寮頂村民権路74号　電話：05-2262016
アクセス：台鉄「民雄」駅より徒歩20分
開館時間：火～金　9時～11時、13時30分～16時　入館料：50元（清掃費）
https://www.facebook.com/museumms/

烏山頭ダムと嘉南大圳

嘉南平原を台湾一の穀倉地帯に変えた八田與一の足跡

地域：台南

八田與一像。戦後は地元の人が必死で守った。

　台北から台湾新幹線に乗って高雄に向かうと、嘉義の手前あたりから田畑が左右に広がってくる。農業の素人でもこの地の豊饒さを感じるだろう。

　しかし、かつて嘉南平原は、干ばつや豪雨、沿岸部の塩害などが発生する地域であった。耕作地は限られており、決して豊かではなかった。

　嘉南平原が肥沃なエリアとなったのは、1930年に烏山頭ダムと嘉南大圳と呼ばれる水路が誕生したからである。烏山頭ダムは1億5,000万トンと東洋一の貯水量を誇り、総延長16,000キロの嘉南大圳は今も嘉南平原の隅々まで水を運び続けている。しかも、これらの大規模設備の工事にかかった期間はわずか10年に過ぎなかった。

　工事の陣頭指揮を執った八田與一（1886～1942年）は、妻の外代樹とともに、台湾で広く知られ、敬愛されている。日台友好の象徴としてこの夫妻を挙げる声も大きい。

烏山頭ダムの建設

　八田は、工学者として確かな目を持っていた。例えば、ダムの堤防をコンク

珊瑚湖と呼ばれるダム湖。非常に広大だ。

ダムの前の道は「八田路」。

殉工碑に刻まれた殉職者134人の氏名。

殉工碑。「昭和五年三月　烏山頭交友會長八田與一」の署名と碑文がある。

リートで固めることを避けた。台湾は断層が多いため、地震が発生すると、柔軟性に欠けるコンクリートは、損壊するかもしれないからである。そこで八田は、土砂や石、粘土などを組み合わせて堤防を築くセミ・ハイドロリックフィル工法を採用した。反対意見もあったが、完成から90年近く経った今に至るまで、堤防は大規模補修の必要がなく現役で活躍していることが八田の正しさの証明である。

また、八田は周囲の反対を押し切ってアメリカに7ヵ月も出張し、非常に高額な大型土木機械を購入してきた。その結果、工期の大幅短縮によって得た利益は計り知れず、さらに他の現場にも使われて台湾の発展に大きく貢献した。

もっとも、烏山頭ダムがいかに膨大な貯水量を誇るとはいえ、嘉南平原一帯に同時に給水することは困難であった。そこで八田は、水稲・サトウキビ・雑穀に分けて給水時期を変える三年輪作給水法を導入した。こうして嘉南平原の農民の生活を等しく向上させたのであった。

八田邸の庭に建てられた妻の外代樹像。

外代樹が身を投げた旧放水口。

八田與一の人柄

　八田は1942年5月8日、灌漑調査のために大洋丸に乗船してフィリピンに向かう途中、米潜水艦に撃沈された。妻の外代樹は終戦直後の1945年9月1日、烏山頭ダムの放水口に身を投げた。

　烏山頭ダムの堤防には、ダム完成翌年の1931年に完成した八田の銅像が置かれている。後ろには、地元の人に丁重に葬られた外代樹の墓がある。今も八田の命日である5月8日には、慰霊と顕彰で多くの人が集まる。2017年4月には、日本統治時代をよく思わない人物が八田像を破損したが、すぐに復元されて5月の慰霊祭に間に合った。

　時代を超えてここまで台湾の人達に敬愛されているのはなぜであろうか。

　八田は、常に働く人たちのことを考えた。「良い仕事は安心して働ける環境から生まれる」とダム建設工事の現場に職員用宿舎や病院、学校、テニスコートを用意した。また、工事の犠牲者を追悼する慰霊碑には日本人や台湾人といった区別をしなかった。台湾人を「二等国民」扱いする風潮もあった中で、公平かつ平等な姿勢を貫いたのである。

　このような八田の態度を考えるとき、背後にあると思われるのは彼の恩師である広井勇（ひろいいさみ）（1862～1928年）である。札幌農学校に学び、熱心なキリスト教徒であった広井は、八田が学ぶ東京帝国大学で土木学の教鞭を執っていた。そして、学生に対しては「技術者は技術を通しての文明の基礎作りだけを考えよ」と常に教え込んだ。内村鑑三によると、広井は清い人であり、広井の学問は「自身を益せずして国家と社会と民衆とを益した」。立身出世を脇に置き、技術者として人々に貢献することを常に自らに課し、学生に考えさせた広井の教えは、国籍や身分を越えて人々の生活を改善させようとす

る八田の信念を形成したのではないかと思われるのである。

大学卒業後に台湾に渡った八田は、台湾の上下水道を導入すべく奮闘していた浜野弥四郎と出会い、ともに台南水道の整備に携わった（→22ページ）。浜野もまた台湾の発展のみを考えた技術者であった。この良き先輩の下で、八田は技術者としてのあるべき姿をさらに深めたと思われる。

見学ガイド

烏山頭ダム脇の八田與一紀念園区には、八田邸など4棟の日本家屋が復元されている。八田邸の庭には台湾形の池がある。紀念区に隣接する嘉南小学校は、烏山頭ダム建設工事に携わった工員の子供のために1921年に設けられた「六甲尋常高等小学校」が前身であり、八田の故郷である石川県金沢市との交流を積極的に行っている。

個人で烏山頭ダムを訪ねる際には、台鉄善化駅、隆田駅、新営駅から路線バスがあるが、1日数本しかなく、入念な準備と時間のゆとりが必要である。基本的には隆田駅などからタクシーをチャーターするか、ツアー参加が無難。八田與一紀念園区、銅像、慰霊碑、記念館、放水口は駆け足で回っても2.5〜3時間かかる。非常に広く、日陰のない道を歩くので、熱中症対策を怠らないように注意したい。なお、近隣の台鉄隆田駅（戦後改修）、林鳳営駅、後壁駅などは日本時代からの駅舎が使われている。

住所：台南市官田区嘉南里68−2号　烏山頭水庫公園　電話：06-6982103
営業時間：6時〜18時　　年中無休　　入園料：大人200元
http://wusanto.magicnet.com.tw

地域：台南

台南の街

台湾の歴史が重なる古都

　台南の歴史は古く、オランダ統治、鄭氏政権、清朝統治、日本統治と続く各時代の名残りを街中で見つけることができる。観光客誘致に向けたキャッチフレーズは「台南に行かないと、台湾に行ったことにはならない」（沒來過台南　不算到過台灣）。こうしたところにも、古都としてのプライドが伝わってくる。以下、日本統治時代を中心に、台南の街を紹介したい。

国立台湾文学館（旧台南州庁）

　日本統治時代に建てられた台南を代表する西洋建築。森山松之助の設計。民生緑園ロータリー（湯德章紀念公園）に面する。1916年の竣工当初は台南庁、1920年に台南州（現在の台南市、嘉義県、嘉義市、雲林県）が設置されると台南州庁となった。

　台南大空襲（1945年3月1日）で大破し、戦後は中華民国空軍供応司令部（のちに空軍後勤司令部）、台南市政府として1997年まで使われた。2007年、文学をテーマとする台湾初の台湾文学館として開館、現在に至る。

住所：台南市中西区中正路1号　　電話：06-2217201
開館時間：火〜日　9時〜18時　　休館：毎週月曜
https://www.nmtl.gov.tw

台南市議政資料館（旧台南州会）

　台南州庁（現・国立台湾文学館）が手狭となったために1935年に建てられた。台南州庁とは2階部分が渡り廊下で繋がっている。戦後は台南市参議会となる。中山路に面した表面は修復されているが裏手や内部は日本時代の面影を残す。現在は修復工事中で中西区図書館となる予定。

住所：台南市中西区中正路3号
http://www.tncchistory.com.tw/index.html

林百貨　（ハヤシ百貨店）

　1932年12月5日にオープンした台南を代表する百貨店。日本統治時代の台湾三大百貨店のひとつ。他は台北の菊元百貨店（1932年11月28日開業）と高雄の吉井百貨（1938年11月20日開業）があった。現存するのはこの林百貨のみである。

　建物は台南警察署庁舎や新竹専売局などを手掛けた梅沢捨次郎（台湾総督府技師）が設計。竣工当時は台南で最も高く、地元では「五層樓仔」（5階建てビル）と呼ばれた。台湾南部初のエレベーターと、扉を手動で開閉する制服姿のエレベーターガールが名物であった。

　ハヤシ百貨店の創業者は山口県出身の林方一（1883～1932年）。山陽鉄道などで働いた後、1912年に渡台、台南で商才を発揮した。しかし日本統治が終わ

ると閉店、建物は台塩実業株式会社や塩務警察総隊の事務所として使われた。1998年に市定古跡に指定され台南市政府の所有となり、修復期間を経て2013年に再び百貨店として開店した。経営はFOCUS高青開発股份有限公司。店内は昭和初期のレトロな雰囲気が漂う。屋上には神社址（→61ページ）や太平洋戦争時の空襲の痕が残る。

住所：台南市中西区忠義路2段63号　　電話：06-2213000
営業時間：11時～20時　　定休日なし　　http://www.hayashi.com.tw/

台南駅

　台南の玄関口。初代駅舎（1900年）は木造和風であったが、1936年に現在の2代目駅舎に建て替えられた。設計者は宇敷赳夫（台湾総督府工業研究所技師）。1911年頃にできた駅前ロータリーには、今では鄭成功像が立っている。台湾新幹線の台南駅とは沙崙線で結ばれている。

旧台南警察署（台南州警察署）

　国立台湾文学館と南門路を挟み向かい合って立つ。梅沢捨次郎（台南州土木課）の設計で1931年の竣工当時は台南州警察署。現在は修復工事中であり、「台南市美術館近現代館」となる予定。正門玄関の上に備わるバルコニーが特徴的。

住所：台南市中西区南門路37号

嘉南農田水利会（旧嘉南大圳組合事務所）

　住谷茂夫（台湾総督府技手）の設計で1940年に竣工したオフィスビル。嘉南農田水利会のルーツは1920年に結成された「公共埤圳官田渓埤圳組合」であり、烏山頭ダムと嘉南大圳を建設するために結成された。現在はこれらの管理を行っている。八田與一の命日（5月8日）には烏山頭ダムの銅像前で慰霊祭を主催している。

住所：台南市中西区友愛街25号
電話：06-2200622　見学不可

旧台南州知事官邸

台南県知事官邸として1900年に竣工。1920年の台南州設置により台南州知事官邸となった。皇族や台湾総督の迎賓館としても用いられ、裕仁皇太子の台南行啓では御泊所となった。台湾における皇族接待には、他にも台北総督府官邸（1901年竣工、現在の台北賓館）と台中県知事官邸（1899年竣工、すでに解体）が充てられた。現在、「focus in 知事官邸店」「1900 Cafe」などの店舗となっている。

住所：台南市東区衛民街1号
営業時間：10時～18時（月曜休み）
電話：06-2367000
https://www.nmtl.gov.tw

葉石濤文学記念館（旧台湾総督府山林事務所）

台湾総督府殖産部林務課が1925年に建設した台南山林事務所。現在は葉石濤（1925～2008年）の記念館となっている。

葉石濤は、日本統治時代の台南に生まれ、末広公学校（現在、台南市進学国小）、台南州立二中（現在、国立台南一中）で学び、1943年に日本語で書いた「林からの手紙」でデビュー。1951年には「知匪不報」（共産主義を匿う罪）に問われて禁固5年となっている。

台湾文学を体系的に整理した『台湾文学史布綱』（日本語訳『台湾文学史』）で有名。文学評論や随筆に加えて、原住民女

性やオランダ統治時代に焦点を当てた小説も執筆している。台南を「夢を見て、夢に奮闘し、恋をして、家庭を築き、ゆったり暮らせる地」と讃えた。

住所：台南市中西区友愛街8-3号
開館時間：水～日　9時～17時　（事前に休日を確認すること）
電話：06-2215065
http://ystlmm-culture.tainan.gov.tw/index.php

国立司法博物館（旧台南地方法院）

　森山松之助の設計で1914年に竣工した台南地方法院。1915年には有名なタパニー事件（西来庵事件、余清芳事件とも。現在の台南市玉井区で発生した抗日武装蜂起）の裁判を行っている。

　2001年に安平新庁舎が完成するまで、戦後も台南地方法院として使われた。2016年11に司法博物館となる。法廷や留置所も見学でき、二二八事件の展示もある。やや離れた場所には、日本統治時

代に使われた地方法院長宿舎（中西区府前路一段21号61巷）も残る（未公開）。

住所：台南市府前路1段307号　　電話：06-2147173
休館日：月曜・祝祭日　　　　　入館料：無料

文創PLUS　台南創意中心（旧愛国婦人会台南支部）

　1940年に竣工した愛国婦人会台南支部の建物。愛国婦人会とは、戦死者の遺族や傷痍軍人の救護を目的に1901年に創設された団体である。創設者は奥村五百子（おくむらいおこ）（1845～1907年）。全国規模の女性団体の先駆けであり、朝鮮や台湾、樺太、満州、南洋諸島にも支部がおかれた。1942年には大日本婦人会に吸収された。

　愛国婦人会の台湾進出は、日露戦争（1904年～1905年）の最中であった。最初に台北、次に台南や高雄にも支部が開設した（高雄に残る愛国婦人会の建物は115ページを参照）。

　戦後はアメリカの政府機関（国務省広

報外交部門）が使用した。1979年にアメリカとの国交が途絶えた後は、台南市の図書館として使われた。2012年からは「文創PLUS 台南創意中心（Creative Tainan）として、文化講座や展覧会など市民活動の拠点となっている。2階には畳の部屋が復元されている。

住所：台南市中西区府前路1段197号　　電話：06-2149510
営業時間：9時～17時（祝日は休み）　　http://creativetainan.culture.tainan.gov.tw/cht/

土地銀行台南分行（旧日本勧業銀行台南支店）

　1928年に日本勧業銀行（勧銀）台南支店として営業を開始、烏山頭ダムや嘉南大圳の建設工事を支えた。現存する建物は1937年の竣工。神殿を思わせる太い柱を持ち、外壁には菊や七福神のレリーフがある。

　勧銀は農業や工業の振興を目的とする特殊銀行（政府系銀行）として1897年に創設された。台湾には1923年に台北支店が置かれ、その後に新竹・台中・高雄にも進出した。

　戦後、台湾内の勧銀は国民党に接収され、台湾土地銀行に改組されて、現在に至る。勧銀台北支店の建物は、現在は台湾博物館土銀展示館（台北市中正区襄陽路25号）。

住所：台南市中西区中正路28号　　電話：06-2265211　　店内見学は不可

忠義国小の図書館（元台南神社社務所）

　1936年の竣工。台南神社（1923年鎮座）の社務所とする説明が多いが、実際は外苑休憩所であったらしい。戦後は忠義国小（小学校）の校長宿舎、付属幼稚園となり、現在は図書館。台南神社は北白川宮能久親王（1847～1895年）が台湾征討作戦中に薨去した場所に建てられた。忠義国小の境内には台南武徳殿がある（→119ページ）。

台南市中西区忠義国民小学
　　住所：台南市中正区忠義路2段2号　　電話：06-2222768

赤崁楼（プロヴィンシア城）

　安平のゼーランディア城（→99ページ）とともに、オランダ統治（1624～1662年）時代に築かれた城跡。当時はプロヴィンシア城（Provintia、普羅民遮城）と呼ばれた。当初は非常に簡素な砦であったが、オランダ統治に抵抗する郭懐一事件（1652年）を受けて堅固な城へと建て替えられた。鄭成功がオランダを放逐すると、プロヴィンシア城一帯は承天府と名付けられて事実上の首都となった。

　日本統治時代には陸軍病院としても利用された。文昌閣内の銅像は羽鳥又男（1892～1975年）。日本統治時代の最後の台南市長であり、太平洋戦争の最中に赤崁楼を修復したため、今も市民に親しまれている。

住所：台南市中西区民族路2段212号　　電話：06-2205647
開館時間：8時30分～21時30分（無休）　入場料：大人50元、子供25元

気象博物館（旧台南測候所）

　1898年に完成した気象観測台。レンガで円形に造られた建物で屋根は日本風の黒瓦、中央部分には白い塔が立っている。1998年まで現役の気象観測台であった。近くには1923年にできた日本料亭「鶯料理」がリニューアルされたので、あわせて見学したい（台南市中西区忠義路2段84巷18号）。

台湾南区気象中心
　住所：台南市中西区公園路21号　　電話：（参観展示場）06-3459218
　開館時：月～金　9時～17時

台南合同庁舎

　民生緑園ロータリー（湯徳章紀念公園）に面して建つ。中央の塔は昭和天皇の即位を記念して 1930 年に建てられた「後大典御大典記念塔」。当初はこの塔のみが立っていた。1937 年、台南州土木課が塔の左右に建物を増設、現在の姿となった。日本時代から最近まで消防と警察署が利用した。2018 年、全面的に修繕工事中。

住所：台南市中西区中正路2

鄭成功祖廟

　鄭成功（1624～1662 年）の父は福建出身の鄭芝龍、東シナ海を縦横無尽に走り回った「海商」であった。母は肥前国平戸藩（現在の長崎県平戸市）藩士田川七左衛門の娘マツ。鄭成功が生まれた平戸では、毎年5月に「鄭成功まつり」が催行されている。

　明朝が衰えて清朝が勃興すると、鄭成功は明朝復興を目指して清朝と戦う。1662 年、台湾からオランダを追い出して反清復明の拠点とした。以降、1683 年まで台湾は鄭氏政権が統治した。

　鄭成功祖廟は 1663 年に息子の鄭経が創建。鄭氏政権崩壊後も清朝は大切に保護した。境内には幼い鄭成功と母マツの石像や、鄭成功が生まれた長崎県平戸千里ヶ浜の「児誕石」がある。

住所：中西区忠義路2段36号
開館時間：9時～17時（原則）

台南市の歴史スポット

名称	解説	場所・問い合わせ
台南孔子廟	台湾で最も古い孔子廟。鄭成功の息子の鄭経が1665年に創建。南門路に面した「全臺首學」の扁額が掛かる東大成坊の脇には、下馬を意味する言葉が漢文と満州文で表記されている。	台南市中西区南門路2号 06-2214647 ※「明倫堂」は週末のみ開放 財団法人孔廟文化基金会 8時30分〜17時30分（無休）
延平郡王祠	1662年創建、鄭成功を祀る。日本統治開始後は「開台神社」、1897年に「開山神社」。鄭成功文物館がある。	台南市中西区開山路152号 鄭成功文物館 06-2136207 9時〜17時
321巷藝術聚落	日本軍（台湾軍歩兵第二連隊）の宿舎群跡。戦後は政治大学教授宿舎となった。現在は若者のアート街となっている。	南市北区公園路321巷 （台南公園西隣）
国立成功大学（光復キャンパス）	台南駅東側に広がる国立成功大学は、日本統治時代の日本陸軍の台湾軍歩兵第二連隊。キャンパスには多くの歴史遺産がある。例えば「礼賢堂」（1911年）は第二連隊本部、成功大学博物館は1934年に台湾総督府が設立した台南工業高等学校本館であった。	台南市東区大学路1号 成功大学博物館 06-2757575 火〜日　10時〜17時
日本陸軍偕行社跡	偕行社とは日本陸軍将校の集会・社交・互助・学術組織。私有建築であり内部見学不可。	台南市公園南路21号

南門電影書院	1932年設置の台湾放送協会台南放送局。戦後は中国広播公司の台南広播電台。2012年より国立台南芸術大学音楽芸術学院の「台南市南門電影書院」となる。	台南市中西区南門路38号 06-2150851
国立台南大学	1898年設立の「台湾総督府台南師範学校」がルーツ。1946年に国民政府が接収。2004年より国立台南大学。 「紅楼」は台南師範学校の本館で1922年竣工。1945年3月20日の空襲では、焼夷弾が紅楼の横に置かれていた日本軍の砲弾や弾薬に誘発、大爆発を起こした。今も紅楼の壁には痕跡が残る。	台南市中正区樹林路2段33号 06-2133111
柏楊文物館	柏楊（1920〜2008年）は台湾の文学作家、思想家。1968年に逮捕される。柏楊の文学、緑島での生活や、その後の人権活動など広く説明されている。（→48ページ）	台南市中西区樹林街2段33号 国立台南大学内 06-2133111（#127） 9時〜17時（月曜休館）

林鳳営駅	鄭成功の武将林鳳が駐屯した故事にちなむ。日本式の木造駅舎は1933年に建てられた歴史建築。	台南市六甲区 ※現役の駅舎
保安駅	現在の駅舎は1914年の建築、日本式木造駅舎。台湾で最も保存状態が良い。建材は阿里山のヒノキが使われている。	台南市仁徳区保安里 ※現役の駅舎

ゼーランディア城と安平の街

地域：台南市

かつて世界史に躍り出た小さな街

安平は、台湾海峡を臨む小さな街であり、台南市の中心部からバスで20分ほどで辿り着く。今では小さい街だが、かつては世界と繋がる国際交易都市であった。その中心にあったのがゼーランディア城。街を歩いて過去の栄光を探り当ててほしい。

ゼーランディア城

ゼーランディア城
（熱蘭遮城）

オランダが安平に到着するまで

オランダの台湾統治はどのような経緯で始まったのだろうか。オランダは1602年に東インド会社を創設し、1603年にジャワ島、1609年には平戸に商館を置いた。こうして、スペインやポルトガルにやや遅れたとはいえ、大航海時代に飛び込み、東アジアに積極的に乗り出してきた。

オランダが東アジアで強く求めたのは明との交易を行うための拠点であった。そして目を付けたのが澎湖諸島であった。しかし、1604年に上陸したものの、明は退去を求めてきた。澎湖天后宮には、オランダを説得して退去させた明の役人を讃える石碑（「沈有容諭退紅毛番碑」）が今も残されている。

また、オランダはマカオにも関心を示した。しかしマカオは、ポルトガルが1557年に居留権を得ていた。そこでオランダは何度かマカオ奪取を試みた。最大の挑戦は1622年6月の軍事攻撃であったが、わずか2日で撃退された。

結局、オランダは再び澎湖諸島に上陸

した。やはり明は立ち退きを求めてきたが、この時のオランダは妥協せず、軍事衝突も厭わなかった。

1624年8月、明はオランダに対し、澎湖諸島から撤退するならば、台湾を拠点として明との交易を認めると通告した。オランダはこの条件を受け入れた。こうして安平にたどり着いたのであった。

これらの経緯から分かることは、オランダは当初は台湾にさほど関心がなかったことである。外国の台湾領有を明朝があっさりと認めたことも、当時の台湾に対する認識がうかがえるのである。

オランダの台湾統治

オランダは、安平に上陸した直後から要塞を構築した。これがゼーランディア城（熱蘭遮城）であり、1634年に完成した。海に面して築かれたのは、ポルトガルやスペインなどライバル国の攻撃を警戒したからである。

オランダは、さらに現在の台南市中央部にプロヴィンシア城（→95ページ）を建造した。現在の「赤崁楼」の前身である。この2城がオランダの台湾統治の拠点となった。

鄭成功の到来

オランダ統治が終焉した舞台もゼーランディア城であった。鄭成功（1624～1662年）率いる軍隊は1661年4月末に台南に上陸、5月6日にプロヴィンシア城を占領した。しかし、ゼーランディア城は抵抗を続けた。籠城したのは台湾行政長官コイエット（1615～1687年）で

オランダ時代のレンガ

鄭成功像

コイエットの降伏（赤崁楼）

あった。コイエットは長崎出島オランダ商館長の経験もある。

翌1662年2月1日、コイエットはついに投降し、17日に台湾を離れた。ここにオランダ統治時代が終わり、鄭氏政権の台湾統治が始まった。鄭成功は、ゼーランディア城を安平城と改称し、台湾統治の拠点とした。

再び国際港湾都市となった安平と安平城の衰退

鄭氏政権が1687年に終わり、清朝が台湾統治を始めると、安平は、中国大陸と台湾を結ぶ港町として活躍した。

1858年、安平は再び世界的な港町となった。アロー号戦争後の天津条約で、清朝が安平の開港を欧米列強に約束したからである。列強は安平に商館を設け、台湾貿易を行った。

台湾の産品の中で、列強が関心を示したのは樟脳であった。清国は、樟脳の統制を図った。するとこの動きを阻止すべく、イギリスは艦隊を派遣して安平を砲撃した（1868年、樟脳戦争）。イギリスの砲弾は安平城内の火薬庫に命中し、城を大破させた。

この時、安平城の周りにはすでに土砂が積もっており、海から遠くなっていた。そのため、戦略的な価値が低下したと判断され、戦後は修復されなかった。

1874年、台湾に漂着した宮古島島民54人が殺害される事件が発生したことで、日本は台湾に軍隊を派遣した。「台湾出兵」である。この事件後、台湾ではすでに戦略的な価値が下がった安平城に代わる要塞を、より海に近い場所に造られた。これがフランスのアドバイスで設けられた台湾初の洋式砲台「億載金城」（台南市安平区光洲路3号）である。建設にあたっては安平城のレンガが用いられた。

こうして、安平城は荒廃の一途を辿った。修復されたのは実に日本統治時代のことである。1930年の「台湾文化三〇〇年」記念式典では、城の上部に洋風建築が建てられた。これが現在の史蹟記念館である。

「安平古堡」の石碑

「安平古堡」の石碑とタイオワン事件

ゼーランディア城を訪ねると、「安平古堡」と刻まれた大きな石碑が目に留まる。この石碑は、日本統治時代に建てられ、当時は「贈従五位濱田彌兵衛武勇之趾」と彫られていた。「安平古堡」と上書きされたのは「光復」後のことである。

この石碑に刻まれていた濱田彌兵衛（生没年不明）とは、江戸初期に活躍した朱印船の船長であった。いわゆる鎖国制

度が敷かれるまで、日本の朱印船は東南アジアを駆け回っていた。安平にも頻繁に現れて、中国船と交易（出会貿易）を行っていた。

しかしオランダが台湾統治を始めると、台湾内のすべての取引に税金を課した。濱田は猛反発し、オランダと対立した。そこで、台湾原住民を日本に連れて帰って将軍家光に謁見させ、台湾の献上を申し入れさせようとと画策し、さらには台湾行政長官ノイツ（Pieter Nuyts, 1598～1655）を安平で監禁するなど強硬姿勢に出た（タイオワン事件、1628年）。日本とオランダの関係は悪化し、平戸のオランダ商館が一時閉鎖に追い込まれた。

時代は下り、大正となった1915年、濱田に従五位が贈られた。外国人に怯まず、日本の国威を守ったとして評価されたのであった。その後も濱田は人気を保ち、菊池寛『海外に雄飛した人々』（1941年）にも取り上げられた。1942年には映画「南方発展史—海の豪族」（荒井良平監督）の主人公ともなった。濱田は戦前期の日本人が英雄視した人物であった。

住所：台南市安平区国勝路82号
開館時間：8時〜17時30分
電話：06-3901341、2955703
入園料：大人50元、子供25元

徳記洋行

徳記洋行

徳記洋行の敷地内で見つけた日本の防空施設。

1858年の天津条約によって、安平は欧米列強に開港された。すると安平には、「洋行」と呼ばれた商社が相次いで設立された。イギリスの徳記洋行、怡記洋行、和記洋行、アメリカの唻記洋行、ドイツの東興洋行は、安平五洋行と呼ばれた。

洋行は、台湾からは主に砂糖や茶、樟脳を輸出し、台湾にはアヘンや雑貨を輸入した。

1868年の樟脳戦争でイギリスは、樟脳の官営を廃止させ、外国人の自由売買を清朝に認めさせた。さらに、外国商人の台湾旅行、台湾における宣教師の布教権と居住権も認めさせている。しかし

1895年に日本の台湾統治が始まり、日本の会社が強くなると、安平五洋行は台湾から撤退していった。

徳記洋行の建物は、安平の歴史が展示されており必見。また、裏手にはガジュマルが占拠した倉庫が安平樹屋として人気観光スポットとなっている。

安平樹屋

徳記洋行以外の洋行跡には石碑が立つのみ。

住所：台南市安平区古堡街108号　電話：06-3913901
開館時間：8時30分～17時30分　入場料：大人50元

夕遊出張所

1901年、台湾総督府はアヘンや食塩、樟脳を扱う専売局を設立した。夕遊出張所は、1922年に建てられた専売局塩務課安平分室。安平をはじめ、台南沿岸部は日本統治時代に塩田が非常に盛んであった。現在は観光施設となっている

住所：台南市安平区古堡街196号　電話：06-3911088
開館時間：平日10時～18時

湯徳章紀念公園と湯徳章

正義を貫き、今も愛されている二二八事件の犠牲者

地域：台南

湯徳章の銅像

二二八事件の犠牲者

1947年3月9日、台南市の弁護士であった湯徳章（1907～1947年）が逮捕された。そして3月11日に銃殺刑となった。このわずか2日間で、全てのあばら骨が折られる激しい拷問を受けていた。処刑当日はトラックの荷台に載せられ、同乗の兵士がラッパを吹き、台南市内を引き回された。

処刑場として連れてこられたのは街の中心にある民生緑園であった。日本統治時代には大正広場と呼ばれて児玉源太郎像が立っていた。湯徳章は3発の銃弾を頭部に受ける直前、日本語で「台湾人、万歳！」と叫んだ。

この広場は、1998年に「湯徳章紀念公園」と改称された。2017年3月13日に行われた追悼式典に初めて参加した息子の湯聰模（当時85歳）は、公園の東南側（中西区公所方面）に近づいて「父はここで倒れていた」と語った。

湯聰模は射殺の瞬間には居合わせていなかった。母と一緒に公園に到着すると、すでに父は亡骸となり、血で全身を染めて顔に泥がついていた。母は毛布を掛けようとしたが許されなかった。遺体の顔

湯德章の家

家に掲げられたプレート

にハエがたかると、兵士は顔に砂を投げて「これでいいだろ」と言わんばかりであったという。

遺体の引き取りが許されたのは処刑3日後であった。湯聰模によれば、母は湯德章の顔を清めて衣服を替えた。手伝う人はいなかった。誰もが、自らの身に危険が及ぶことを恐れたからである。二二八事件時の台南には、こうした空気が覆ったのであった。

台湾人の「人権」を第一に考えた弁護士

湯德章は日本人の父と台湾人の母の間に台南で生まれた。父は警官であり、1915年のタパニー事件（西来庵事件）で殉職した。湯德章も警官となったが、台湾人ひき逃げ事件をきっかけに警察を去った。加害者が日本人有力者であることが分かると、警察は追及を控えたからであった。

湯德章は猛勉強を重ねて日本の中央大学に学び、高等文官試験の司法科と行政科にいずれも合格した。しかし日本での栄達は考えず、台南に戻って弁護士事務所を開いた。1943年9月のことであった。

台湾に戻ったのは、正義を追求するためであった。それは、日本人の特権意識に挑戦することでもあった。しかし日本が敗北し、国民党が台湾を統治すると、台湾はますます正義から遠ざかった。国民党の腐敗や不正に人々は不満を募らせた。そして1947年2月、ついに人々は立ち上がった。台南でも、学生や市民は国民党に力で対抗する計画を立てた。

湯德章は、二二八事件処理委員会の治安組長となった。そして、あくまで平和的解決を目指した。武力では叶わないと思っていたからである。必死の説得で台南市民を宥め、国民党との話し合いの道を探った。

一時は話し合いが成功するかに見えたのは、国民党が融和態度を取っていたからである。しかし、大陸から応援部隊が到着すると豹変し、一気に台南市民を弾圧し、湯德章を逮捕した。そして、台湾人と外省人の対立を煽ったとして反乱の罪を着せたのである。

湯德章と台南

湯德章が銃殺刑に処せられた民生緑園には、後に孫文の銅像が立てられた。

1998年に湯徳章紀念公園となると、「湯徳章を殺した国民党の創始者」の銅像を湯徳章紀念公園から撤去すべきとの訴えが市議会などに挙がった。しかし結論が得られる前の2014年2月、あるグループが非合法的に銅像を引き倒した。その後、孫文像は修復されたが、湯徳章記念公園には戻ってこない。

2014年、台南市は湯徳章の命日である3月13日を「台南市正義と勇気の記念日」に指定した。2015年の命日には、湯徳章が生前住んでいた家に解説プレートが掲げられた。この時は台湾の有名な実業家である許文龍が参列した。そして、湯徳章が処刑された後に残った血痕を覚えていると語った。

このように、湯徳章を顕彰する台南市民の声は、日時が経つにつれて大きくなってきている。さらに今後は湯徳章の記念館が設立される予定である。

参考文献
門田隆将の著作『汝、ふたつの故国に殉ず——台湾で「英雄」となったある日本人の物語』(角川書店、2016年)
松野良一「『台湾228事件と中央大学卒業生』プロジェクトと受難者家族の証言概要」『総合政策研究 第24号』(中央大学総合政策学部、2016年3月)。
「許文龍：歴史能原諒但不能忘」『中国時報』(2015年3月14日)
「湯徳章逝世70週年 湯子首度現身指證受難地」『自由時報』(2017年3月13日)。

湯徳章紀念公園(民生緑園文化園区)　　住所：台南市中西区民生路1段6号　年中無休

湯徳章故居(非公開)　　住所：台南市中西区友愛街115巷11号

> コラム

台湾と台湾人が主人公の歴史

国立台湾歴史博物館（台南）で考える

中国の歴史と台湾の歴史

　戦後長らく、台湾で教えられたのは「中国と中国人の歴史」でした。しかし、2011年10月末に新しく台南郊外にオープンした国立台湾歴史博物館（以下「台南博物館」）は「台湾と台湾人の歴史」を描いています。台南博物館は、「この土地とこの民——台湾の物語」という常設展示のテーマからもわかるように、台湾という島の上で生きた人たち、そして台湾で繰り広げられた物語に注目しています。

特別展「第二次世界大戦下の台湾人」から台湾の歴史を考える

　台湾人の歴史と中国人の歴史は、時に鋭く対立します。最近では、終戦70周年（2015年）を記念した歴史展示が物議を醸し出しました。

　台南博物館は終戦70周年に特別展示「第二次世界大戦下の台湾人」を開催しました。展示品には、出征兵士に贈られた日の丸の寄せ書き、千人針、「戦没遺族の家」の表札、従軍看護婦の手帳などが並びました。かつて台湾人は日本人として戦った紛れもない証拠です。

　一方、同時に中正紀念堂や国軍歴史文物館などでも特別展示が開催されました。そこでは、台南博物館とは全く異なる立場から過去の戦争が描かれていました。つまり、日本の侵略に苦しみ、日本軍に抵抗した「抗日戦争」として過去を捉えていたのです。そして、戦時下の台湾は、敵国日本に占領された哀れな地域とされており、台湾から大陸に渡って抗日戦争に参加した人たちを英雄として注目しています。まさに中国と中国人の視点に立った歴史です。

　日本統治が終わり、国民党の台湾統治が始まると、中国と中国人の歴史が台湾で教えられ、これに矛盾する台湾と台湾人の歴史は長らく語ることさえ憚られました。しかし今、民主化によって人々は自由に発言できるようになりました。すると、中国の歴史と台湾の歴史が並行して語られるに至りました。これらは時に正面から対立します。しかし、矛盾する経験を持つ人たちが住んでいるのが台湾最大の特徴なのです。

国立台湾歴史博物館
　住所：台南市安南区長和路1段250号　　電話：06-3568889　　FAX：06-3564981
　開館時間：9時〜17時　　休館日：毎週月曜、旧暦の大晦日　　https://jp.nmth.gov.tw

高雄の街

台湾史の縮図である左営と鳳山を中心に

　台湾南部の大都市である高雄市は、2010年末に高雄県を合併して280万都市となった。日本との直行便数も台北の次に多い。しかし、「工業都市」「港湾都市」のイメージが強く、観光地としてはメジャーではない。

　たしかに高雄には有名な観光スポットが少ない。しかし、台湾の複雑な歴史が詰まっており、一歩踏み込んで高雄を歩くと台湾の素顔が見えてくるはずだ。

　また、最近の台湾では、過去の歴史を掘り起こす動きが盛んであり、特に高雄は著しい。その象徴は、左営地区の鳳山旧城（清朝時代の城跡）の修復と、日本統治時代に繁栄した「哈瑪星」地区の再整備であろう。また高雄は、歴史的に陸海軍の重要拠点であったことから、広大な眷村がある。これらを台湾史の一コマとして保存する運動も目立つ。つまり、数年前まで何ら注目されてこなかった事物に、歴史的意義が与えられつつあるのである。こうした歴史の再発見により、台湾人は自らのアイデンティティを自問している。また、新たな歴史ツーリズムとして高雄の魅力となっている。こうした動きをぜひ高雄で感じてほしい。

　ここでは、清朝時代の高雄に築かれた2つの城があった左営と鳳山を紹介する。いずれの街も清朝や戦後台湾の足跡が豊富に残り、今後は歴史ツーリズムのスポットとして整備されるだろう。

旗津半島から見る高雄の街

左営地区 — 鳳山旧城と海軍の街

台北で乗った高鉄（台湾新幹線）が新左営駅に到着すると、多くの観光客は、地下鉄に乗り替えて高雄市の中心部へと向かう。しかし、左営には、台湾を知るヒントが多いので、ぜひ一歩踏み込んでみよう。

鳳山旧城

鳳山旧城東門（鳳儀門）

蓮池潭の龍虎塔

左営の観光地として有名な蓮池潭に浮かぶ龍虎塔。このすぐ近くに鳳山旧城がある。

鄭氏政権が終焉を迎えた翌1684年、台湾は清朝福建省下の台湾府となり、3つの県がおかれた。諸羅県、台湾県、そして鳳山県である。この3県はいずれも台湾西南部であり、清朝の台湾統治はこのエリアから始まったことが分かる。

鳳山旧城は清朝統治時代の1722年に築かれた。当初は土で築かれたが、清朝の統治に抵抗する林爽文（？〜1788年）が1787年に反乱を起こすと、城が破壊された。その後は別の場所に新城が建てられた（→110ページ）。現存する3つの門と城壁は、1825年に再建されたものである。これまで、城壁は眷村などの住

鳳山旧城南門（啟文門）

宅地に埋もれていたが、各地で調査や復元作業が進行中である。2018年3月には「見城館」がオープンし、左営と鳳山旧城の歴史が学べる（この見城館の建物は2007年から2017年まで「高雄市眷村文

化館」であった)。見城館からは見事な城壁が見える。なお、この周辺は「海光三村」であった。

> 高雄市政府文化局　見城館
> 　住所：高雄市左営区亀山巷150号-2
> 　電話：07-5881468
> 　開館時間：9時〜12時、
> 　　　　　　13時30分〜17時　（月曜休館）
> oldcity.khcc.gov.tw

2018年にオープンした見城館

左営海軍基地とその周辺

亀山から左営の街を臨む。右手奥の山は半屏山、麓に高鉄新左営駅がある。左手には眷村や海軍基地が広がる。

亀山に残る旧日本軍のトーチカ。

　台湾新幹線の新左営駅の西側一帯は、台湾最大の海軍左営基地とその関係施設、及び眷村が広がる。

　左営に海軍基地を建設したのは日本であった。日中戦争が勃発した1937年頃から建設が始まり、1940年4月から活用が始まった。1943年4月には澎湖諸島から警備府が移り、高雄警備府が置かれた。

　日本敗戦後は中華民国が接収、1949年には中華民国海軍総司令部が置かれた。1954年に総司令部は台北に移されたが、今も台湾最大の海軍基地として君臨している。

　この地にある海軍軍官学校は、旧日本海軍の建物を利用している。校内の「海軍軍史館」には、日本敗戦後に賠償艦として中華民国に引き渡された駆逐艦「雪風」（引き渡された後は「丹陽」）のスクリューが残るが、一般非公開。蓮池潭の南西に聳える小高い山（亀山）には、日本軍が軍港を守るために築いたトーチカがいくつか残る。

　2016年5月には左営軍区故事館ができ、左営海軍基地の歴史や眷村文化について紹介している（→41ページ）。

鳳山地区 — 清朝時代の鳳山新城と陸軍の街

　台鉄鳳山駅は高雄駅の隣であり、現在地下化工事が進められている。また、地下鉄でも容易にアクセスできるが、外国人観光客はまだ少ない。街の歴史は古く、日本統治時代の「旧海軍鳳山無線電信所」、南進基地として建造された宿舎群（現在の黄埔新村、42ページ参照）や、戦後に大陸から移転してきた陸軍軍官学校、陸軍歩兵訓練指揮部、中正国防幹部預備学校などが並ぶ。左営が中華民国海軍の町ならば、ここは陸軍の町である。様々な時代の特徴が凝縮された鳳山の街は台湾史の縮図ともいえよう。

鳳山新城

鳳山新城の東便門

鳳山旧城の訓風砲台

　左営の鳳山旧城は、1787年に発生した林爽文の乱によって激しく破壊された。そのため、場所を移して新たな城が作られた。それが鳳山新城である。しかし、新城もまた1806年の蔡牽の乱で落城している。

　鳳山の街には今も城門や砲台が残る。かつての城内には、龍山寺をはじめとする古刹が集まり、清朝時代から続く伝統を感じることができる。

```
鳳山新城    住所：高雄市鳳山区三民路44巷
鳳山旧城    住所：高雄市鳳山区勝利路
```

鳳儀書院

　左営の鳳山旧城には屏山書院があったが、やはり林爽文の乱で破壊された。鳳山新城が建てられると、新たな書院が求められた。そこで1814年、地元の有力者の援助で鳳儀書院が建てられた。

　当時の書院は教育や学問の神様を祭る祭祀の場であった。鳳儀書院には文昌帝君、魁星（いずれも学問や科挙の神）、朱

熹の像が安置される文昌祠がある。また、災害や飢饉に備える穀物倉庫、試験場、学生宿舎なども設けられた。

日本統治時代には病院（台南衛戍病院鳳山分院）や養蚕所、郡役所宿舎として用いられたようである。戦後は歴史的意義など無視されて賃貸住宅となっていたようだが、1985年にようやく古跡に指定され、高雄市政府文化局が修復を行い、2014年に一般公開された。現在は、科挙や武科（弓、刀の演舞、石を持ち上げるなど、体力や武芸の試験）の様子、清代の鳳山県知事曹謹の書院視察の様子などが人形で面白く再現されている。

鳳儀書院

住所：高雄市鳳山区鳳崗里鳳明街62号　　電話：07-7405362
開館時間：火～金　10時30分～17時30分　（月曜休館）
　　　　　土・日・祝日　10時30分～18時30分　　入場料：66元
http://fongyiacademy.khcc.gov.tw/

旧日本海軍鳳山無線電信所

日本海軍が1917年に設置した無線通信所。1937年に高雄通信隊となる。太平洋戦争では海軍第11航空艦隊の所属となる。

戦後国民党に接収され、海軍招待所となるが、実際には政治犯や思想犯の収容所となった。現在は、レトロなレンガ造りの建物が美しく撮影スポットとなっているが、見学スポットとしての整備が遅れているため、建物内部には収容所時代の空気が生々しく残る。

最近では、二二八事件などの展示が行われている。今後、歴史スポットとしての整備が期待される。周囲は眷村。

住所：高雄市鳳山区勝利路
電話：07-2225136（国防部政治作戦局）
開館時間：9時～17時（月曜休館）

哈瑪星
<small>ハマセン</small>

地域：高雄

復活しつつある日本統治時代の港町

　高雄港の近くに、哈瑪星と呼ばれるエリアがある。ここは、海沿いに鉄道が走っていたことから、日本統治時代に「浜線（はません）」と呼ばれていた。日本人が去った後も呼び名が残り、地元の人が哈瑪星と漢字を当てはめたのである。

　かつて、このエリアは海だったが、1912年頃より高雄港築港のために埋め立てられた。そして港湾・貨物施設が設けられ、次第に役所や銀行、さらには住宅や教育施設も建ち並ぶ非常に賑やかな街へと発展した。

　哈瑪星の中心は、1900年に新設された「打狗停車場」であった。1920年に「打狗」が「高雄」に改称されると、駅名も「高雄駅」となった。しかし、1941年には「高雄港駅」となった。なぜなら、別の場所に新たな「高雄駅」が設置されたからである。その後、街の繁栄の中心は高雄駅へと移っていった。哈瑪星は、次第に静かな街となった。高雄港駅は貨物専用駅となり、2008年にはついに現役を引退した。

　2012年に転機が訪れた。再開発計画が立ち上がり、哈瑪星は更地にして駐車場とされることになった。すると市民の反対が起こり、哈瑪星が有する歴史的意義が発掘され始めた。そして打狗文史再興會社という団体が生まれ、地域の歴史を保存・研究し、その魅力を発信しはじめた。

打狗文史再興會社

　哈瑪星の街歩きの最初にぜひ訪ねたい。室内には昔の地図や写真が展示されており、かつての姿をイメージするには絶好の場所である。また、日本語で書かれた探索用の地図も販売している。この社団法人は、哈瑪星の魅力を紹介するため、ツアーや講演会なども開催している。なお、この建物は1929年に建てられた材木や建材を扱う佐々木商店であった。この捷興二街と鼓山一路に挟まれたエリアは、日本統治時代の建物が特によく残る。

住所：高雄市鼓山区捷興二街18号
電話：07-5315867
開館時間：11時～16時（月曜定休）

打狗鉄道故事館

哈瑪星の玄関口。MRT 橘線（オレンジライン）終点の西子湾駅の2番出口を出てすぐ。かつての高雄港駅であり、1940年に現在の高雄駅が誕生するまで、高雄のメインステーションであった。第二次世界大戦で爆撃され、駅舎は破壊されたが、戦後に再建。日本時代からの鉄道が展示されている（→ 133 ページ）。

住所：高雄市鼓山区鼓山一路32号
https://www.facebook.com/TakaoMuseum
電話：07-5316209

高雄市武徳殿

正面には大きなガジュマルの木がそびえ、「剣道は剣の理法の修養による人間形成の道である」ではじまる「剣道の理念」、「剣は心なり　心正からざれば　剣又正からず」ではじまる「剣道訓」が日本語と中国語で刻まれている（→ 120 ページ）。

武徳殿の向かい側にある学校は鼓山国民小学。1907 年、比較的裕福な日本人子弟を対象とした「打狗学校」から始まり、1920 年に「打狗」が「高雄」と改名されると「高雄尋常高等小学校」と名

称が変わる。1923 年 4 月 21 日は、台湾行啓中の皇太子裕仁親王（後の昭和天皇）の訪問を受けている。

住所：高雄市鼓山区臨海二路50号

紅十字会育幼中心（元愛国婦人会館）

1920年に建てられた日本愛国婦人会高雄州支部（愛国婦人会については89ページ）。

住所：高雄市鼓山区登山街28号
http://www.khhredcross.org.tw/

旧高雄警察署

1917年設立。当初は台南庁打狗市庁舎、後に高雄警察署となった。第二次世界大戦では屋根部分に空襲を受ける。戦後は貿易会社（永光行）が所有。玄関以外、ほとんど当時の名残をとどめている。

住所：高雄市鼓山区臨海二路18号

山形屋書店

1920年の建物で、日本統治時代は本屋であった。また、印刷や出版も手がけており、山形屋が作成した絵葉書は有名だった。現在は「壹貳樓古蹟餐廳」というレストラン。

住所：高雄市鼓山区臨海三路14号

哈瑪星には、まだ多くの歴史が隠れています。2010年には、日本人が建立し「光復」後に廃寺となった真言宗弘法寺（高雄市千光路14号付近）の跡地から「西国第一番」と書かれた石碑が見つかっています（現在、見学は難しい）。最新情報を打狗文史再興會社に尋ねると、「新たな歴史」を発見できるかもしれません。

哈瑪星近くの見どころ

高雄市立歴史博物館

1939年に竣工した高雄市役所であり、清水建設が設計した。戦後は高雄市政府となり、1992年まで用いられた。日本統治時代の帝冠様式が美しい。この建物は、二二八事件で多くの市民が殺害された現場であった。二二八事件の展示もあるのでぜひ訪ねてみたい。事前に問い合わせすれば日本語の解説もしてくれる。

住所：高雄市鹽埕区中正四路272号
開館時間：9時〜17時（月曜休館）
電話：07-5312560
http://khm.org.tw/jpn/

旧高雄鼓山第二公有市場（旧田町斎場）

哈瑪星からやや遠いが、今後の展開が注目されるのでぜひ紹介しておきたい。旧打狗駅故事館の前を走る鼓山一路をひたすら北上し、鼓山二路を進むと、元亨寺（鼓山二路）のバス停にくる。ここには、2016年に閉鎖された鼓山第二公有市場があった。

市場の建物は取り壊される予定であった。しかし解体工事が始まると、驚くべき事実が明らかになった。なんとここは日本統治時代の斎場であったのである。

高雄市文化局によると、1933年竣工の田町斎場であり、1960年代まで使われていた。そして近くに新たな斎場が竣工すると、経緯は不明だが、市場として使われ始めたのである。

現存する唯一の日本統治時代の斎場であることから、高雄市は歴史建築として保存を決定。今後の活用方法等については未定であるが、歴史スポットとして整備されると思われる。

住所：高雄市鼓山区鼓山二路244号

> コラム

武徳殿

日本時代の空気を今に伝える武道場

　日本統治下の台湾では、剣道や柔道の稽古場が各地に設けられました。なかでも武徳殿と呼ばれた武道場は、いずれも堂々とした和風建築であり、今も各地に当時の姿をとどめています。

　武徳殿を建てたのは大日本武徳会でした。この組織は日清戦争（1894〜95年）によって再認識された武道精神をさらに涵養し、後世に残すことを目的として、1895年に京都で創設されました。

　この年の京都では、平安遷都1100周年を記念して平安神宮が創建されています。すると大日本武徳会は、桓武天皇が大極殿の北西に武道場を設けて武芸を奨励した故事に倣い、平安神宮の北西に武道場を建てました。これが武徳殿の第一号です。その後、武徳殿は日本各地に建てられました。今もいくつかはその姿をとどめています。

　さらに、朝鮮や中国東北部など、日本の勢力が及ぶ地域にも武徳殿は建てられました。現在、朝鮮半島には残っていないようですが、中国天津の日本租界に建てられた武徳殿（1942年竣工）は、天津医科大学図書館として利用されています。

　台湾では1906年に大日本武徳会台湾支部が設置されました。そして1945年までにおよそ70棟の武徳殿が建てられたようです。日本統治が終わり国民党が到来すると、台湾では日本文化の象徴である神社などは破壊されましたが、武徳殿は忠烈祠（国民党の戦没軍人を慰霊・顕彰する施設）や軍人・警察の宿舎などに用いられました。

　その後、長い年月の中で多くが崩壊や解体によって姿を消しましたが、近年になると現存する武徳殿を歴史遺産として保存する動きが各地で始まりました。中には、武道の稽古場としての本来の役割を取り戻す武徳殿もあります。以下では気軽に見学できる主な武徳殿を紹介します。

日本に残る主な武徳殿
- 弘前城武徳殿（旧大日本武徳殿青森県支部武徳殿）1942年
- 甲府市武徳殿（旧大日本武徳会山梨支部武徳殿）1933年
- 三条市歴史民俗産業資料館　（旧大日本武徳会新潟支部武徳殿）　1935年
- 京都市武道センター　武徳殿　（旧大日本武徳会武徳殿）1899年
- 山口県警察体育館（旧大日本武徳会山口支部武徳殿）1930年頃
- 佐賀県警察本部体育館（旧大日本武徳会佐賀支部武徳殿）1933年頃
- 宮崎県警察学校体育館（旧大日本武徳会宮崎支部武徳殿）1934年

大溪武徳殿（桃園）

（写真・大谷優介）

1935年の建築。警察官の柔剣道場として使われ、戦後は国民党の憲兵隊が利用しました。レトロな大溪老街の近くにあり、武徳殿周辺には大溪神社跡や復元された相撲場もあります。

住所：桃園県大溪鎮普済路33号

龍潭武徳殿（桃園）

（写真・大谷優介）

1930年の建築。現在、改修工事が続いていますが、今後の進展は不明です。

住所：桃園市龍潭区東龍路198号

彰化武徳殿（彰化）

1930年の建築。戦後は忠烈祠となる。2005年に修復されて剣道場として復活、日本統治時代に剣道を習った老人も参加するなどにぎわっていました。2015年に民間の火鍋店とする改装計画が起こると、剣道愛好家や地元住民が反対を唱え、計画を撤回させました。

住所：彰化県彰化市公園路1段237巷45

台中刑務所演武場（台中）

　1937年の建築。大日本武徳会ではなくて台中刑務所の武道場でしたが、当時は「武徳殿」と呼ばれました。2006年に焼失しましたが復元され、現在では武道や茶道、書道など「六芸」を教える教育文化センターとなっています。

　周辺には1896年開設の台中刑務所の建物が残ります。例えば台中刑務所典獄官舎（1903年、西区自由路1段87号）、刑務所官舎群（1903年、西区自由路1段89巷1〜4号、林森路13、15、21、23号等）、刑務所の浴場（1903年、西区自由路1段89巷28、30、32号）などが日本建築の空

気を留めています（いずれも非公開）。

　なお、大日本武徳会が台中に設置した武徳殿は、1931年に現在の中山地政大楼の場所にありましたが、1997年に解体されました。

道禾六芸文化館
　住所：台中市林森路33号　　電話：04-23759366　　http://www.sixarts.org.tw

台南武徳殿（台南）

　1936年の建築。現在は忠義国小の講堂となっています。台湾に残る武徳殿の中で最大規模を誇ります。友愛路を挟んで葉石濤文学記念館があります。

住所：台南市中西区忠義路2段2号

新化武徳殿 （台南）

　現在の武徳殿は2代目であり1936年の建築。2006年から5年をかけて全面修理されました。床下には剣道用のスプリングが敷かれています。

住所：台南市新化区和平街53号

旗山武徳殿 （高雄）

　1934年に竣工し、警察官や隣接する小学校（現在の旗山国小）の日本人教諭などが柔剣道の稽古をしていました。しかし1994年に焼失、地元の要望で2000年に再建されましたが、日本時代の姿に忠実でなかったため、2014年に再度修復されました。

住所：高雄市旗山区旗山国小對面

高雄市武徳殿

　1924年竣工、当時は振武館と呼ばれていました。隣接する高雄湊国民学校（現在の高雄市鼓山国民小学）の教員や、高雄警察署の警察官などが稽古しました。

　2004年に修復され、高雄市剣道文化促進会が管理する中、日本で剣道を修行し、二天一流を収めた師範が地域の人々を対象に剣道教室を開催しています。

住所：高雄市鼓山区登山街36号

そのほかの武道場

他にも台湾には武徳殿など日本統治時代の武道場が残ります。

名称	住所	現状
新荘武徳殿	新北市新荘区大観街31巷11号	1928年の建築。2010年に取り壊される予定だったが保存運動が進み、2010年に新北市の歴史的建造物に指定された。しかし修復には至っていない。周囲に日本時代の派出所などが残る。
新竹少年刑務所演武場	新竹市広州街20巷18、20号	台湾初の少年刑務所（1899年開所）の付属施設として1935年に竣工。現在の新竹監獄の近く。
二林武徳殿	彰化県二林鎮斗苑路5段110号	二林分駐所の隣。現在改修工事中。
南投武徳殿 （南投）	南投市彰南路2段65号 049-2202430（県史館） 9時〜17時 （月曜休み）	日本統治時代の建物が密集した歴史園区となっています。1937年竣工の武徳殿は、南投県県史館として使用されています。他にも南投陶展示館、県史図書文献室、芸術家資料館があります。
台南刑務所付属演武場	台南市中西区永福路1段233巷21号付近	1903年に竣工した台南刑務所付属演武場「要道館」。見学不可。周囲には台南刑務所官舎などが残る。
枋寮武徳殿	屏東県枋寮郷徳興路36号	1937年の建築。屏東県枋寮戸政事務所が入る。2017年に歴史建築に指定。

コラム・武徳殿

戦争と平和記念公園主題館

地域：高雄

台湾人は何のために戦ってきたのか

主題館の壁に描かれた3人の台湾人兵士。

公園内には慰霊碑や記念碑が多い。

3人の「台湾兵」

高雄の旗津半島の中ほど、台湾海峡を臨む地に戦争と平和記念公園がある。天候が荒れると波しぶきが飛んでくるほど海が近い。悪天候で臨時休館となることもある。

2009年5月、この公園内に小さな展示室ができた。壁には3人の若い軍人が描かれている。それぞれ、旧日本軍、中華民国国軍、中国人民解放軍の軍服を着ている。しかしよく見ると、3人の兵士は、同一人物である。台湾人の若者は、時代や運命によって、命をかけるべき祖国が変わった。この台湾人の悲哀を見事に表現している。

日本統治下の台湾では、多くの若者が日本兵となった。日本が敗れ、台湾が中華民国に「光復」した後には、国民党の兵士として戦った。敵は中国大陸の共産党であった。大陸での国共内戦で捕虜となると、共産党の兵士にされた。日本、中華民国、そして中華人民共和国。台湾の若者にとって、真の祖国はどこなのだろうか。

許昭栄と台籍老兵協会

この主題館ができる前年の2008年5月20日、園内の「台湾無名戦士記念碑」の前で、一人の老人が焼身自殺を遂げた。台籍老兵協会を創設した許昭栄（1928～2008年）であった。

許昭栄は、かつて日本兵や国軍兵士として戦った台湾人（「台籍老兵」）の地位向上を訴えていた。また、中国大陸に残る老兵の援助や、戦没者の慰霊碑建立も求めていた。2004年には、台湾無名戦士記念碑をほぼ自費で建立した。

しかし許昭栄の訴えは空しかった。民進党の陳政権ですら台籍老兵に関心を寄せなかったのである。そして、再び国民

党が返り咲いた。許昭栄が焼身自殺をした日は、馬英九の総統就任式であった。

許昭栄の願いは、再び政権交代が起きてようやく一歩前進した。2016年11月5日、蔡英文総統が台籍老兵記念式典に出席したのであった。

許昭栄も日本兵と国軍兵士として戦った。日本統治時代の1928年に屏東の枋寮で生まれ、公学校（台湾人用の小学校）の学費にも困るほど貧しく、家計の足しにと水牛飼いをしたが、水牛が渓流に入り、水中に引っ張られて溺れかけたこともあった。

1943年に日本海軍の整備兵、日本敗北後は国民党の軍人となり、厳寒期の山東省青島で船舶修理に就くなど苦労を重ねた。除隊後の1955年、台湾独立に関するパンフレットの携帯が見つかって禁固10年となり、緑島に収容された。1985年、アメリカで国民党抗議デモに参加すると、パスポートを没収され、カナダに逃れた。国民党の軍人として貢献したにも関わらず、国民党はあまりにも冷酷であった。許昭栄は、民主化後の台湾に帰り、台籍老兵の支援に全力を注いだ。

主題館が訴える複雑な台湾人の過去

主題館の展示は、台湾人と戦争のかかわりが分かる。日本関連では、太平洋戦争の最中に高座海軍工廠（神奈川県）に来た8400人の少年工、東南アジアや太平洋諸島に派遣された従軍看護婦、慰安婦、高砂義勇兵として南方の密林地帯で勇敢に戦った原住民部隊などが紹介されている。

日本兵として戦った台湾人は、戦後に国民党がくると真っ先に徴兵された。軍隊経験を買われたのか、敵国日本に貢献したことへの懲罰の意味があったのかは分からないが、扱いはひどく、強制的に船に載せられて大陸に送り込まれた。逃亡を試みると容赦なく射殺されたという。

さらに国共内戦では、共産党の捕虜となり、義勇軍として朝鮮戦争に送り込まれた台湾人もいた。幸いに生き残っても、文化大革命が始まると「国民党の特務」「台湾間諜（スパイ）」「黒五類」（労働者階級の敵とされた出自）と非難されて言葉に尽くせぬ苦労を重ねた。

この主題館は小さいが、東アジア国際政治の激流に多くの台湾人の運命が翻弄されてきたことが実感できる。また、不遇な台湾人兵士とは対照的に、中国大陸から逃れてきた外省人兵士は住居など生活支援が与えられた。こうした点も、外省人を見る台湾人の眼差しに微妙な影を落としている。

住所：高雄市旗津区旗津二路701号　　電話：07-5719973
開館：毎週火～日　10時～18時

柯旗化故居

場所：高雄市

『新英文法』と『台湾監獄島』

「第一出版社」の看板が柯旗化故居の目印。

今も柯旗化の英語参考書は出版が続いている。

ベストセラー『新英文法』

台湾人に「柯旗化（1929～2002年）という人物を知っていますか」と尋ねると、多くが「私も彼の『新英文法』で勉強した」と答えてくれるだろう。高雄で英語教師を務めていた柯旗化が1960年に出版した『新英文法』は空前のベストセラーとなり、何度も改訂が重ねられ、少なくとも200万冊が売られた。今も本屋の参考書コーナーに並んでおり、親子2代で『新英文法』を学習したという台湾人は多くいる。

2度の逮捕

だが、あまり知られていないが、柯旗化は『新英文法』の改訂作業を監獄で行っていた。彼は2度逮捕された。一度目は1951年7月、深夜に4人の秘密警察が突然自宅を訪ねてきて連行され、1953年4月までほぼ2年間拘留された。友人とマルクス主義を討論したことでマークされ、自宅から唯物弁証法の本が出てきたことで、思想犯とされたのであった。

釈放後に『新英文法』を出版してベストセラーとなると、学校教師を辞めて第一出版社を立ち上げた。しかし1961年10月、再び逮捕される。今度は反乱罪だった。一度目の逮捕と同じく東シナ海の緑島に拘留された（→50ページ）。刑期

2階の応接間。2度目の逮捕時の判決書が展示されている。

2度目の逮捕時の判決書。

3階の書斎。机上には日本語で書かれた『台湾監獄島』の自筆原稿が展示されている。

緑島の監獄から娘に書いた手紙。「パパは仕事があるので家に帰れない」と書いている。

柯旗化故居

は根拠なく延長されて1976年6月にようやく釈放された。

2度の逮捕で合計17年も投獄された。しかし、柯旗化は政府転覆や反乱を企んではいなかった。利敵行為はもちろん、共産主義も信奉していない。日常会話での政府批判、嘘の密告、警察のでっち上げなどが重なって政治犯とされたのである。この経緯は、柯旗化が1992年に日本語で著した『台湾監獄島－繁栄の裏に隠された素顔』（イーストプレス）に生々しく描写されている。戒厳令時代の台湾を知るためにぜひ一読したい。

本書は、1929年に高雄市で生まれた柯旗化が少年時代を過ごした日本統治時代にも触れられている。日本から『小学四年生』などの雑誌を取り寄せて愛読したこと、成長するにつれて見えてきた日本人と「本島人」（台湾人を当時はこう呼んだ）間の差別、学徒隊の辛い軍隊生活、

そして戦後も続いた日本人の恩師や友人との交流など、日本と台湾の歴史を考えるうえでも貴重である。

訪問ガイド

高雄駅から徒歩5分と近く、幸福川を越えて八徳二路を歩くと容易に第一出版社の看板を見つけることができる。台湾の市街地によく観られる細長いコンクリート製の建物の1階は第一出版社の事務所として使われている。2階の応接間は展示スペース、3階は寝室、居間、そして書斎の3部屋が開放されている。開放されたのは2017年。日本統治時代に生まれ、戦後を生きた台湾知識人の生涯をぜひこの空間で感じてほしい。

住所：高雄市新興区八徳二路37号　　電話：07-5312560
開館時間：火～金　　10時～17時（月曜日休館）
週末、祝日は完全予約制。平日でも参観の旨を予め連絡しておくことが好ましい

> コラム

鉄道から見えてくる台湾の歴史と素顔

文・写真　平賀 匡

　台湾には台湾新幹線をはじめ、日本の鉄道車両が多く走っています。日本と台湾の鉄道は、実に100年を超える関係があります。次回皆さんが台湾を訪れる際には、ぜひ「鉄道」を旅のテーマに加えてください。これまで見えなかった台湾が見えてくるでしょう。

1　台湾鉄道の発達史

　台湾初の鉄道は、清国統治下の1891年に台湾巡撫（台湾を統治する最高責任者）劉銘伝（1836〜1896年）が推進した台北－基隆間の産業鉄道でした。

　本格的な鉄道建設は日本統治時代に始まります。縦貫線（台北－高雄）の建設が始まったのは1898年、第4代台湾総督の児玉源太郎（1852〜1906年）の指示によります。台湾は山岳地帯が多く、工事は非常に苦労しました。

　1908年に基隆－高雄間（408.5km）が全通します。しかし、台中の周辺は勾配が続き、スピードアップを妨げていました。そこで、台中を回避する90.2kmの新線を1922年に新設、これが現在の「海線」です。一方、従来の路線は「山線」と呼ばれています。

　基隆－高雄間の幹線に加えて、1924年には台湾北東部と台北を結ぶ宜蘭線（95.0km）、1941年には高雄から縦貫線が南に延びて屏東線（61.3km）が完成。台北－高雄間は複線化が進み、急行列車も導入され、昭和期には日本からD51形やC57形などの大型蒸気機関車が持ち込まれました。

　しかし、台湾島の西側と比べると東側の鉄道整備は遅々として進みませんでした。険しい山が続き、人口も少なく、輸送は海運に頼っていたためです。

　東側の主要都市花蓮と台東の間を結ぶ台東線（花蓮港－旧台東173.0km）は、多くの原住民も動員され、1926年に開通しました。しかし台東線は台北と接続しておらず、花蓮は「陸の孤島」と言われました。花蓮と台北を結ぶ北廻線（79.2km）の完成は実に1980年のことです。また、台北から台東まで一本の鉄路で結ばれるのは、台東線の改軌工事が完了する1982年まで待つ必要がありました。台湾東部の開発がいかに難しかったのかが分かるでしょう。

　1945年8月、50年間の日本統治時代

が終わり、台湾の鉄道は台湾鉄路管理局（以下「台鉄」）に移管されました。しかし台湾と中国の間で軍事的な緊張が高まると、台鉄は空襲で送電網が破壊されることを恐れて電化を進めず、日本統治時代の蒸気機関車を使い続けました。縦貫線の全線電化は1979年のことです。

「自強号」（EMU100形電車）

路線の延伸や電化の進捗とともに、日本やイギリスから車両が導入され、特急「自強号」が誕生しました。自強号は台北－高雄間を4時間台、台北－台東間を5時間台で結び、台北からの日帰り旅行が実現しました。

「自強号」（DR2800形気動車）

1992年には西海岸と東海岸を結ぶ南廻線（枋寮－台東98.2km）が完成しました。中央山脈を横断するため、トンネル区間がおよそ3分の1を占めるなど、非常に困難な工事の結果、鉄道での台湾一周がついに実現したのです。

南廻線普快車

現在では、台東線の複線化、南廻線の電化、台北と宜蘭を短絡する北宜直線鉄道（58.0km）、さらには台湾南部の墾丁国家公園へのアクセス路線である恒春線（36.5km）の建設が進められています。また、大幅な車両更新計画もあります。これらにより運転体系も大幅に変わることが予想されます。

「太魯閣号」（TEMU1000形電車）

1990年代以降には日本製が主だった鉄道車両もバリエーションが増え、新たに韓国製や南アフリカ製の通勤電車が導入されました。通勤電車は、台北や高雄で高頻度・等間隔の都市型ダイヤを可能としました。また、2014年には台東まで電化区間が延伸された結果、JR九州885系電車がベースの「タロコ号（太魯閣号）」（TEMU1000形）や名古屋鉄道2000系電車の技術を採用した「プユマ号（普悠瑪号）」（TEMU2000形）などの最新特急が次々と登場しました。

「普悠瑪号」（TEMU2000形電車）

2　台湾新幹線の開業

　台湾新幹線の建設に際して、当初はヨーロッパ連合との連携が計画されましたが、ドイツ高速鉄道ICEの脱線事故（1998年）と台湾中部を襲った九二一地震（1999年）によって、地震国日本の高速鉄道技術が改めて見直されました。そして、車両は日本製、線路の分岐器はドイツ製、列車無線はフランス製という日欧混在システムが採用されました。

　台北－左営（高雄）間の339.3kmは2007年1月に開業しました。東海道・山陽新幹線と同規格（軌間1,435mm・交流25,000V/60Hz）であり、車両はJR東海・西日本の700系新幹線電車を台湾向けに改良した700T型で、1両の商務車両（グリーン車）を含む12両編成、日本仕様と比べて冷房装置が強化され、300km/h走行のため前頭部の形状が変更されてい

700T型新幹線電車

ます。2016年には台北から南港まで延伸（9.2km）。近い将来、N700Sベースの車両に更新される見込みです。

3　サトウキビ鉄道

台湾では日本統治時代にサトウキビ産業が発展しました。各地に工場が立つと、サトウキビ畑との間を輸送するサトウキビ鉄道が整備されました。

1950年代はサトウキビ鉄道の最盛期でした。台湾中西部から南部を中心に網の目のように線路が張り巡らされ、総延長は約3,000kmに達しました。46路線（合計675km）では旅客営業も行っていました。

しかし、糖業の衰退、モータリゼーションによるトラック輸送の普及などでサトウキビ鉄道は衰退を余儀なくされます。最後まで残った旅客営業の北港線（北港－嘉義間）も1982年に廃止されました。現在は虎尾製糖（雲林）の専用

虎尾製糖サトウキビ列車

線がわずかに残り、12～3月の収穫期には1日最大5往復のサトウキビ列車が運転されます。普段は静かな虎尾の街もこの時は観光客で賑わい、サトウキビジュースやアイスクリーム屋台が多く立ち並びます。

4　台湾のローカル線

阿里山森林鉄路

阿里山森林鉄道（71.9km）の建設が始まったのは、日本統治時代の1904年。伊勢神宮の式年遷宮に使われる台湾檜をはじめ、阿里山の豊かな木材を運搬することが目的でした。今では世界三大登山鉄道のひとつとして、台湾を代表する観光地となっています。また、途中の奮起湖弁当が有名で、大井川鐵道と黒部峡谷鉄道と姉妹協定を結んでいます。

阿里山森林鉄道「阿里山号」

阿里山（祝山）の日の出は非常に有名で、海外からも観光客が多く訪れます。夏季は気温15℃前後ですが、冬季は氷点下になるため、防寒着が必要です。

平渓線・深澳線

DR1000形気動車

十分瀑布

　台北から近い平渓線（12.9 km）は、日本統治時代に炭鉱（菁桐坑）開発を目的に台陽鉱業が敷設しました。1923年に全線開通し、1929年に台湾総督府鉄道が買収、戦後は台鉄の管理下となりました。

　1980年代には乗客数が減少しましたが、沿線の十分瀑布や十分老街・平渓老街がテレビで紹介されると、アクセス路線として注目されはじめました。日本の江ノ島電鉄や由利高原鉄道と姉妹鉄道協定を締結しています。

　瑞芳から八斗子に至る深澳線（12.9 km）は、1936年開通の金瓜石線（台湾鉱業が運営）が前身の軽便鉄道でした。1965年に台鉄の路線となり、深澳火力発電所への石炭輸送のために軌間が1,067 mmへと改築されました。旅客の減少や火力発電所閉鎖により2007年には廃線となりましたが、海洋科技博物館へのアクセス路線として一部区間が2014年に復活、2016年には八斗子まで延長されて、平渓線と一体化しています。

内湾線・六家線

　新竹駅から分岐する内湾線（27.9 km）は1951年に全通。蒸気機関車DT650（D51）形が木材、石灰、セメント輸送に活躍した最後の路線です。内湾駅は老街や客家の雰囲気が残るノスタルジックな観光地として賑わっています。今は長良川鉄道と姉妹鉄道関係にあります。

　六家線（3.1 km）は内湾線の竹東から分岐して六家（高鉄新竹）に至る路線で、台鉄新竹駅から離れている台湾新幹線へのアクセス路線として2011年に開業、DT650（D51）形蒸気機関車がイベント列車として入線することもあります。

集集線

　西部幹線の二水から分岐して車埕に至る集集線（29.7 km）は、日本統治時代の1921年に日月潭水力発電所建設のために敷設されました。観光地として有名な日月潭や集集老街へのアクセス路線として人気があります。集集駅も日本統治時代の建設ですが、九二一震災で倒壊しました。今では見事に復元されています。

　駅前には阿里山森林鉄道のシェイ式蒸気機関車が展示されています。沿線はバナナの産地であり、バナナのジュースやアイスクリームが名物。シーズン期には、DT650（D51）形蒸気機関車が入線します。日本のいすみ鉄道と天竜浜名湖鉄道が姉妹協定を締結しています。

5　台湾の鉄道保存施設

　戦後の台湾には日本以外にもアメリカやヨーロッパ、韓国や南アフリカなどから車両が導入され、非常に国際色が豊かとなっています。ここでは、台湾の主な鉄道保存施設と代表的な保存車両を紹介します。

苗栗鉄道公園

CT150(8620)形蒸気機関車

DT560(9600)形蒸気機関車

　新竹から台中への途中にある苗栗駅には、屋根付きの鉄道公園が併設されています。日本の国鉄8620形蒸気機関車の同型機CT150形や、9600形の設計図を基本にアメリカで製作されたDT560形といった蒸気機関車が目玉。日本統治時代の木造客車や阿里山森林鉄道の客車も保存されています。

住所：苗栗市北苗栗鉄路一村1号　　電話：03-7320157　　24時間開放

彰化扇形車庫

　1922年に建設された彰化扇形車庫は、現役の電気機関車やディーゼル機関車のほか、動態保存されている4機の蒸気機関車の保管場所となっています。西部幹線が電化した時にイギリスから輸入されたE100形電気機関車や、S300形入れ換え用ディーゼル機関車など、1970〜80年代に活躍した代表的な車両も保存されています。

住所：彰化市彰美路1段1号
電話：04-7624438
開館時間：土・日・祝日　10時〜16時
　　　　　火〜金　13時〜16時　休館日：月曜

打狗鉄道故事館

　打狗鉄道故事館は、2008年に廃止となった旧高雄港駅を利用した博物館です。100年以上の歴史がある日本家屋風の駅舎は、待合室や駅長室まで開放されています。展示車両は決して多くありませんが、各種の蒸気機関車や日本製の旧型客車、「莒光号」の電源荷物車など、各時代の代表的な車両を見学できます。

住所：高雄市鼓山区鼓山一路32号
電話：07-5316209
開館時間：10時〜18時
休館日：月曜

台北機廠（建設中）

台北機廠

　現在、さいたま市の鉄道博物館の協力で、旧台北工場を台湾初の本格的な鉄道博物館とする計画が進んでいます。JR東日本から寄贈された583系特急形電車（写真右側の車両）のほか、旧工場内に留置されている台湾初の「自強号」電車（EMU100形）や台東駅に放置されている旧型ディーゼルカーなどの展示が予想されます。

住所：台北市信義区市民大道5段50号
電話：02-87878850
休館日：未定

6　台湾の動態保存車両

日本統治時代の台湾は、台東線を除いて日本の国鉄と同じゲージが採用されました。そのため、D51形やC57形蒸気機関車など日本から多くの車両が導入されました。中華民国となった1950〜70年代にも日本の鉄道車両メーカーからの車両輸入が続きました。特に台北－高雄間を4時間40分で結んだ「光華号」や「台東線光華号」が有名です。現役を引退した車両も各地のイベントで見かけることがあります。

CK120(C12)形蒸気機関車

CK100形蒸気機関車：CK101号機

1917〜18年、汽車製造会社（現在は株式会社川崎重工業へ吸収合併）が8両を製造。新店線や平渓線などに投入され、1974年までに引退。トップナンバーのCK101号機は嘉義扇形車庫に保管されていましたが、1998年の鉄路節（鉄道記念日）で整備されました。現在は集集線や内湾線を中心にCK124号機と重連運転で使用されています。

CK120（C12）形蒸気機関車：CK124号機

1936年に日本車輌製造株式会社で7両を製造、電化前の西部幹線で使用されていました。現役引退後は新北投駅や台鉄の職員訓練施設で展示され、2001年からはイベント列車として各地を走っています。

CT270（C57）形蒸気機関車：CT273号機

CT270(C57)形蒸気機関車

　1942〜43年、川崎車輌（現：川崎重工業）と株式会社日立製作所が6両を製造。日本の国鉄C57形の同型機であり、戦後はアメリカの援助で8両が追加生産されました。1984年に引退、彰化県花壇郷の台湾民俗村に静態保存された後、2010年に彰化扇形庫へ移送されて復元されました。再整備された日本製の冷房付き旧型客車とともに、今も台東線を中心に走っています。

DT650（D51）形蒸気機関車：DT668号機

DT650(D51)形蒸気機関車

　1939〜44年、川崎車輌・汽車製造会社・日立製作所で32両が製造。しかし1944年製の28〜32号機は、戦争の激化のため日本から台湾へ輸送することが困難となったため、日本の国鉄籍へ編入。戦後の1946年4月に台湾へ輸送されました。

　戦後は国連の資金援助を得てさらに5両が製作され、合計37両が西部幹線・宜蘭線・内湾線で貨物列車を中心に運用されました。電化と動力近代化が進んだ1984年に引退、DT668号機は屏東県麟洛運動公園、嘉義扇形車庫での保存を経て、民国100年にあたる2011年からは内湾線や集集線で使用されています。

DR2700形気動車

「光華号」(DR2700形気動車)

東急車両製造（現：株式会社総合車両製作所）で製造。1966年に「光華号」としてデビュー、台北 - 高雄を4時間40分という驚異的なスピードで結びました。西部幹線が電化されると内湾線や宜蘭線に移動、台東線の普通列車で活躍したのを最後に2014年引退。現在ではさまざまなイベント列車に登板しています。

龍騰断橋。1908年の西部幹線全線開業時に建設されたレンガ造りのアーチ橋。1935年の新竹・台中地震で崩壊し、1999年の九二一震災で崩壊が進んで現在に至る。同時期に作られた碓氷第三橋梁（群馬県）とデザイン上の共通点がみられる。

参考文献
徳田耕一「台湾の鉄道：麗しの島の浪漫鉄路」JTB出版、1996年。
高成鳳「近代日本の社会と交通第9巻：植民地の鉄道」日本経済評論社、2006年。
片倉佳史「台湾鉄路と日本人：線路に刻まれた日本の軌跡」交通新聞社、2010年。
片倉佳史「台湾鉄道の旅」JTB出版、2011年。
助川和彦編「トラベルムック：台湾鉄道パーフェクト」交通新聞社、2014年。
佐藤信博編「台湾鉄道の旅2018」イカロス出版、2017年。

> コラム

湯けむりがつなぐ台湾と日本

台湾"温泉"への招待状

文・写真　大谷優介

　グルメ大国として幅広い世代に人気の台湾ですが、日本と同じ"温泉大国"であることはあまり知られていないようです。
　このコラムでは、台湾の生活や文化に触れ、日本と台湾の深い関係を知る上で最高の教材である台湾の"温泉"にご招待します。

1　台湾と温泉──その歴史

　台湾における温泉の歴史を遡ると、有史以前にはすでに原住民が入浴していたとされています。彼らは入浴で傷や病を癒していました。また、温泉を"神が宿る場所"と考えて信仰の場とする原住民も存在していました。

　台湾で温泉が本格的に開発されはじめたのは、1895（明治28）年に日本人が台湾統治を始めてからのことでした。はやくも1896（明治29）年には四重渓温泉（恒春）が、1898（明治31）年には関子嶺温泉（嘉義）が、いずれも日本軍の主導で開発されています。軍の主導で温泉が開発された背景には、日本の台湾統治に抵抗する人たちとの戦いがあったことは想像に難くありません。

　1907（明治40）年には台中の山奥で現在の谷関温泉（台中）が発見されました。この温泉は、なぜか"明治天皇が男子を授かった温泉"とのいわれから「明治温泉」と呼ばれていました（実際は明治天

昭和5年に高松宮両殿下が入浴されたとされる「太子湯」（四重渓・清泉日式温泉館）。

皇の台湾行幸は行われていません）。

　台湾の温泉地として最も有名な北投温泉（台北）は、すでに17世紀末には存在が知られていましたが、本格的な開発はやはり日本統治時代のことでした。軍や総督府の保養地に始まり、1923（大正12）年の裕仁皇太子（のちの昭和天皇）の訪問により、その評判は日本内地にも響き渡りました。こうした日本人の開発により、1928（昭和3）年には台湾全土で82湯が記録されています。

　しかし、1945（昭和20）年8月に日本統治が終わり、温泉に入る習慣がない中

国人が台湾統治を始めると、温泉地は一気に衰退しました。1954年に公娼が合法化されると、花街に指定された北投温泉は何とか存続しましたが、1979年の公娼制度廃止でやはり温泉地は廃れてしまいました。

　こうして台湾の温泉は受難の時代を迎えましたが、経済の発展や戒厳令解除によって、1990年代以降に再び復興します。1999年に台湾観光局が「台湾温泉観光年」キャンペーンを仕掛けると、温泉地の再開発や交通網整備が加速します。その中で大いに注目されたのが台東の山中にある知本温泉です。ここは1917（大正6）年頃に日本人が公共浴場や温泉街を形成した温泉地でしたが、台北や高雄などの大都市から遠く、鉄道アクセスもありませんでした。しかしキャンペーンの効果で大型旅館の建設が相次ぎ、さらに北廻線（1980年）と南廻線（1992年）の2つの鉄道開通による交通アクセスの改善を経て、今では台湾最大級の温泉地となり、多くの日本人も訪ねるようになりました。

2　台湾「的」温泉の特徴

水火同源（関子嶺温泉）

泉　質

　台湾は、温泉の種類が非常に豊富です。地質に恵まれたことで、単純泉から泥湯まであらゆる泉質が楽しめます。例えば北投温泉では、白硫黄泉・青硫黄泉・鉄硫黄泉の3種類の硫黄泉が同時に湧出します。金山温泉（新北）は、酸性硫黄泉の火山性温泉と強酸性ナトリウム泉の「海底ハロゲン温泉」が湧出するなど、世界的にも珍しい温泉です。他にも泥湯で知られる関子嶺温泉（嘉義）や、サイダーの原料にもなる濃い炭酸泉の蘇澳冷泉（宜蘭）など、台湾では実に多様な泉質巡りが楽しめます。

施設・設備

　台湾の温泉のタイプは大きく①スパ　②日本式温泉　③野渓温泉に分類できます。それぞれの特徴を知っておきましょう。

①　スパ（SPA）

　日本人と異なり、台湾人は他人に裸を見せることに抵抗を感じるようです。そこで温泉スパ、いわゆる温泉プール方式が好まれています。台湾で温泉といえば基本的にはスパを指し、男女混浴で水着の着用が義務付けられています。

日式露天風呂（伊豆日式温泉）

烏来野渓温泉

② 日本式温泉

台湾では「日式温泉」と呼ばれています。これは全裸で入浴する温泉を意味します。日式温泉の多くは「個室風呂」（日本で言う家族風呂）であり、2畳〜6畳ほどの浴室に自ら湯を張り時間制で入浴するシステムです。カップルやファミリー層に人気があります。

最近では、日本の銭湯や温泉と同じように男女別・全裸入浴の方式を採用するホテルや日帰り施設が増えてきており、これらも日式温泉と呼ばれています。北投温泉の**日勝生加賀屋**（台北市北投区光明路236号）や谷関温泉の**伊豆日式温泉会館**（台中市和平区谷関分校巷5号）などがこの方式です。

一方で、日本統治時代に建てられ、現在に至るまで地域住民の憩いの場として愛されている共同浴場も存在します。多くは全裸浴であり、日本の銭湯と変わりがありません。北投温泉の**瀧乃湯**（台北市北投区光明路244号）が最も有名です。観光客も入浴できますが、基本的には地元住民のための施設であり、ふらっと立ち寄り湯を楽しむ場合には最低限のマナーを守りたいところです。

③ 野渓温泉

山の渓谷沿いなどに湧き出している自然の温泉を野渓温泉といいます。そのバリエーションは実に豊富です。例えば台北から日帰り可能な八煙野渓温泉（台北県金山郷重和村林口）はハイキングやトレッキングとセットで人気を集めています。同じく台北から日帰り可能な烏来野渓温泉（新北市烏来）も地域住民の社交場として長年親しまれてきました（残念ながら2017年5月に閉鎖されましたが、周囲には野趣あふれる温泉が多くあります）。

野渓温泉は法的な認可を受けていないケースが多く、入浴はすべて自己責任となっています。また、道路や交通網が整備されていない場所にある場合が多いため、訪れる際は情報収集や現地ガイドの手配など事前準備が欠かせません。

瀧乃湯男湯

コラム・湯けむりがつなぐ台湾と日本

3　台湾式の入浴法

休憩中の一コマ（清泉日式温泉）

お茶

とりわけ台湾の南部では、入浴の合間にお茶を飲む習慣があります。温泉スパなどでは、屋根とテーブルがついた休憩所で、お年寄りが談笑しながらお茶を嗜んでいる光景をよく見かけます。まさに台湾ならではの温泉の楽しみ方といえます。

長時間の滞在

台湾人が温泉入浴にかける時間は非常に長く、丸一日を費やして身体を癒しています。そのため、浴場に水分を持ち込んで、何度も休憩を取っています。台湾の温泉を訪れる際には、ぜひ台湾人と同じように長い時間をかけて楽しんでください。

水着の着用

温泉スパでは水着着用が義務付けられています。水着には細かい規則があり、海水浴で用いるようなサーフ型を禁止する施設が多いため注意が必要です。また、髪の毛が湯に入ると不潔とされ非常に嫌われます。そのため、水泳帽の着用も必須です。「リラックスできない」と不満を抱く日本人観光客が多いようですが、現地の慣習を尊重して緩めの水泳帽をあらかじめ準備しておきましょう。

4　筆者のオススメ温泉　6番勝負

これまで筆者が訪れた中から、特に歴史的な側面からお勧めの温泉地を紹介します。

①金山温泉（新北市）

陽明山国家公園の東側、台北市内から1時間弱と日帰りも可能な海の幸豊かな温泉地金山（きんざん）。1899（明治31）年頃にはすでに存在したようであり、歴史が長い温泉郷です。1912（大正元）年には金山初の公共温泉（旧館）が、現在の中山温泉公園がある場所に造られました。現在は**金包里公共浴室**（新北市金山区温泉路）があります。近くにはノスタルジックな雰囲気の金山老街があり、食べ歩きにお

舊金山総督温泉

勧めです。

旧金山総督温泉（新北市金山区民生路196号）は、泉質・眺望・歴史すべてが素晴らしくお勧めです。竣工は1939（昭和14）年、当時は台湾総督府の保養所でした。日本が台湾から退いて大陸から国民党が来ると、海に近いことから要塞となり、しばらく軍隊が駐留しました。その後は放置されていましたが、2000年に現在のオーナー企業が細部まで復元しました。屋上には日本式露天風呂があります。正面の北海岸からは海に突き出た亀頭山まで遠望でき、間違いなく台湾屈指の景色が楽しめます。

泉質は「海底ハロゲン湯」と呼ばれる褐色に濁った強酸性硫黄泉で pH は 2〜4、美肌・疲労回復効果を求めて遠方から通う台湾人もいます。日本庭園風の中庭を望む個人風呂も造成がよく、裏手には広大な屋外 SPA もあるなど、あらゆるニーズに応える温泉施設といえます。近くにはアジアの歌姫テレサ・テンの墓園があることもあり、日本人にはあまり知られていない金山温泉も近い将来は一大観光地へと発展するかもしれません。

②烏来温泉（新北市）

「北投温泉はもう行った！」という人にお勧めしたいのがここ烏来（ウライ）温泉。新店（台北市）からバスで40分ほど南下した山奥にあり、タイヤル族が暮らします。日本統治時代には台湾電力や台北州庁の温泉保養所が設けられるなど、いわば台北の奥座敷として親しまれていました。

今も非常に豊かな自然が残り、台湾の白糸の滝と呼ばれる烏来瀑布や、ハイカーに人気がある内洞森林遊楽区、温泉グルメが楽しめる烏来老街、瀑布を下に山を登る雲仙ロープウェイなど、家族で楽しめるスポットが充実しています。中でも三井財閥が敷設した人力鉄道跡を活用した烏来台車（トロッコ）は、老街と瀑布を結んでおり、子供達に人気があるアトラクションです。

烏来巨龍山荘の日式浴場

他にも、タイヤル族をはじめ原住民を

紹介する泰雅民族博物館、トロッコとともに烏来の歴史を解説する林業生活館、太平洋戦争で日本のために戦った高砂義勇隊の慰霊碑など、充実した歴史散歩が楽しめます。泉質は無色透明の炭酸水素塩泉（pH7）で、肌に優しい湯ざわりが特徴です。

烏来温泉のやや北に位置する**巨龍山荘**（新北市烏来区新烏路五段60号）は日本人に嬉しい日式大浴場があり、烏来渓を一望できる半露天風呂は抜群です。台湾でこれほどの眺望がある日本式温泉は貴重であり、晴れた日には美しい山の緑と青い空を存分に楽しむことができます。

③関子嶺温泉（台南市）

関子嶺大旅社（旧「龍田屋」）

関子嶺（かんしれい）温泉は、2014年に公開された台湾映画『KANO 1931 海の向こうの甲子園』で一躍有名になった嘉義の街から車で約30分。歴史も古く、1898（明治31）年に日本軍によって発見されました。

泉質は世界屈指の泥湯温泉（炭酸水素ナトリウム塩化物泉）であり、泉質の良さから台湾四大温泉の一つとされています。泉質にこだわる人は要注目です。もはや湯ではなく泥であり、源泉蛇口をひねると強烈な硫黄臭が鼻をつきます。泥パックは美容に効果があるとされており、泥湯を乾燥させた「泥」がお土産用に販売されています。

日本統治時代は台湾総督府の保養地としても使用されていました。1933（昭和8）年には皇族の博英王（伏見博英、1912～1943年）も滞在されたとの記録があります。

歴史建築としては**静楽館**（台南市白河区関子嶺17号）があります。関子嶺温泉の中では最も古い温泉旅館で1904（明治37）年の創業です。当時は「吉田屋旅館」と呼ばれていました。

また、**関子嶺大旅社**（台南市白河区關嶺里20号）は1905年創業の「龍田屋」が前身であり、建物には日本時代の風情が残っています。**関子嶺統茂温泉会館**（台南市白河区関嶺里関子嶺28号）は日本の温泉をよく研究して造られた日本式大浴場が備わっており、極上の泉質を楽しめます。

近くには"火の出る池"である**水火同源**（台南市白河区関嶺里水火同源）があります。また、焼鳥を油に漬けた名物の甕仔雞もぜひ忘れないでください。

④四重渓温泉（屏東県）

石門古戦場跡

　1895（明治28）年に日本軍が発見、1930（昭和5）年には高松宮宣仁親王・喜久子両殿下が新婚旅行でご滞在されたことで一躍著名となりました。泉質は無色透明の弱アルカリ性炭酸泉（pH8.2）。

　両殿下が宿泊された**山口旅館**は、戦後の一時期は国民党軍の保養所となりましたが、現在は**清泉日式温泉館**（屏東県車城郷温泉村文化路5号）として営業しています。両殿下が入浴した浴室は「太子湯」として大切に保存されており、見学が可能です。ホテルの外観・内装、看板まで和風で、スイート和室から日本庭園を眺めるとまるで日本にいる錯覚を起こします。羊肉を使ったすき焼きや、温泉水を使用したぜんざいもおすすめです。

　四重渓温泉へは、台湾の南の都市である高雄から、台湾一のマリンリゾート地である墾丁に向かって南に車で2時間ほど走ります。さらに四重渓温泉から車で5分ほど走ると石門古戦場跡があります。1871（明治4）年の牡丹社事件（漂流した琉球人が襲撃された事件）をきっかけとして日本軍が出兵（台湾出兵）し、この地で原住民（パイワン族）と衝突した場所です。日本軍を率いた西郷従道（台湾征討軍司令官）は慰霊碑を建立しましたが、日本統治が終わると国民党によって取り除かれました。今では日本時代の慰霊碑をはじめ、当時の戦いを示す資料館や石碑などがあり、日本と台湾の複雑な歴史が見えてきます。

⑤瑞穂温泉・紅葉温泉（花蓮県）

瑞穂温泉山荘

　台湾東部、花蓮と台東の中間地点にある瑞穂温泉郷も歴史ある温泉地です。「外温泉」とされる瑞穂温泉は「瑞穂」の名が示す通り日本時代に開発されました。

　いくつかの温泉旅館の中でも特筆すべきは、1919（大正8）年に警察保養所として建てられた「滴翠閣」の建物を今も

使用する**瑞穂温泉山荘**（花蓮県万栄郷紅葉村23）でしょう。温泉は、黄濁した濃い含鉄泉（pH6.7）であり、温度も高いのが特徴です。

一方、「内温泉」の紅葉温泉(もみじ)は一軒宿の**紅葉温泉旅社**（台湾花蓮萬榮郷紅葉村188号）のみ。日本時代の警察官宿舎を使っており、客室は畳敷きの和室です。泉質は瑞穂温泉と全く異なる無色透明の炭酸泉（pH6.5）で、飲用も可能です。

瑞穂温泉・紅葉温泉いずれの泉質も素晴らしく、日本統治時代の建築物が今も現役で使われているので日本人にとっては懐かしくもあり、この意味でも訪問する価値があります。近隣には乳製品で有名な瑞穂牧場や北回帰線記念碑もあり、あわせて訪れるといいでしょう。

⑥金崙温泉（台東県）

1921（大正10）年に日本人警察官が開発した金崙温泉(きんろん)。台東駅から南廻線各駅停車に乗り、太平洋の絶景を見ながら南下し、4つ目の金崙駅で降ります。外国人観光客の多くは知本温泉へ向かうので、ハイシーズンを除くとのどかな空気が漂います。

美人若女将が仕切る民宿の**一田屋温泉小旅店**（台東太麻里金崙温泉34-5号）は日本風の内装、モダンで清潔。温泉は硫黄泉（pH6.6）です。食事も美味しく、特等客室も非常にリーズナブルで楽しめます。

近隣にはパイワン族の文化的特徴がユニークなキリスト教会**金崙聖若瑟教堂**（台東太麻里金崙村354号）や、2006年に廃止されたものの太平洋の絶景ポイントとして整備された鉄道駅多良舊站もあります。**丹堤温泉会館**（台東県太麻里郷多良村10鄰多良2-2号）のトロトロの塩化物泉や**太平洋鹹水温泉**（台東太麻里金崙村227）の炭酸泉などもお勧めです。

温泉付客室（一田屋温泉小旅店）

参考文献
上河文化社編集部『台湾温泉地図』上河文化、2004
鈴木浩大『湯けむり台湾紀行』まどか出版、2007
宋聖榮・劉佳玫『台湾地理百科23 台湾的温泉』遠足文化、2007
高田京子・清沢謙一『台湾温泉天国』新潮社、2002
陳柏淳『台湾秘境温泉』創意市集出版、2015
その他、実地調査・現地資料等

> コラム

北投・陽明山の歴史散歩

文・写真 大谷優介

　休日になると多くの旅行客で賑わう台北の北投温泉と陽明山温泉は、日本時代に開発された歴史を持ち、今も多くの名残が見られます。このコラムでは、皆さんを北投と陽明山の「歴史散歩」にご案内します。

1　北投温泉

　北投（ほくとう）温泉は、台北からMRT（地下鉄）で30分ほど。台北からのアクセスが最も便利な温泉地です。

　早くも清朝時代の1894年に発見され、硫黄を扱うドイツ人商人が北投石を見つけ、その医療的価値を伝えたと言われています。台湾が日本の統治下に入った1895（明治28）年以降は、軍の保養地やリゾート地として開発が進み、その名は内地（日本本土）にも伝わりました。

　1945（昭和20）年に日本統治が終わると、台湾の温泉は衰退しますが、北投温泉は公娼が許可された「歓楽街」として残りました。また蒋介石が招聘した旧日本軍顧問団「白団」のメンバーが滞在していたことも近年明らかになりました。そして1960年代以降には再び開発が始まり、ホテルも建設されて台湾屈指の温泉地となり、現在に至っています。

旧新北投駅舎と現駅舎（左）

MRT新北投駅〜温泉公園エリア

　MRT 新北投駅の南側に広がる公園に真新しい木造建築があります。これは、かつて台湾総督府鉄道淡水線（北投支線）の終着駅として使用されていた**旧新北投駅舎**（北投区大業路 700 号）です。1916（大正 5）年に建造され、長らくこの地で愛されてきましたが、1988 年の MRT 開通に伴う淡水線の廃止により、新北投駅舎も駅としての役目を終えました。しかし、駅を取り壊すのは惜しいという声が多く、彰化県の民俗文化村（彰化県花壇郷湾雅村三芬路 360 号）に移設されました。

　その後、かつての新北投駅舎を愛する人たちは、熱心な運動を展開しました。その結果、ついに 2017 年に里帰りが実現したのです。再度の建て直しを経て、多くの建材が新しくなりましたが、庇(ひさし)の意匠が往時の栄華を伝えています。現在は土日に限り資料館として開放しています。

　温泉に向かって進むと**北投温泉公園**（北投区中山路 2 号）があります。1913（大正 2）年、台北庁長の井村大吉（1873 〜 1927 年）の提唱で、上野公園をモデルに造成されました。1934（昭和 9）年、公園入口に井村の胸像が立てられましたが、戦後は撤去され、残された台座の上には孫文像が据えられました。2013 年には、台北市政府が新たに**井村大吉記念碑**を設置し、北投発展に貢献した功績を讃えています。

　温泉公園を進むと、右手側に日系ホテルの日勝生加賀屋（北投区光明路 236 号）が見えてきます。この高級温泉旅館に立ち寄ることがあれば、ぜひ 1 階部分（玄関脇）に残されている古い石段に注目してください。北投開発の先駆者と言われている平田源吾（1845 〜 1919 年）が 1896（明治 29）年に開業した温泉旅館「天狗庵」の遺構です（天狗庵旧跡公園）。1 世紀を経て再び同じ場所に日系温泉旅館が建てられ、着物姿のスタッフが宿泊

井村大吉記念碑

天狗庵旧跡公園

北投温泉博物館（①外観／②バルコニー／③大浴場／④ステンドグラス）

客を迎える姿は不思議な巡り合わせを感じます。

　台北で最も美しい図書館の一つである**台北図書館北投分館**（北投区光明路251号）を過ぎると、**北投温泉博物館**（北投区中山路2号）が見えてきます。大正時代らしい和洋折衷建築で、北投温泉のシンボル的存在です。もともとは1913（大正2）年に北投温泉公園と共に建造された公共浴場で、当時は「東洋最大の浴場」と呼ばれました。戦後は水泳プールや国民党の宿泊所として使用され、その後は廃墟となりました。

　1995年、地元の教育関係者や郷土史家が復興を望み、大修復を経て1998年に北投温泉博物館となりました。館内には裕仁皇太子がここを訪れた際の写真や、温泉の文化や歴史に関する展示があります。さらには、畳の大広間・男女大浴場・個人浴室など、当時の姿が再現されています。

　注目してほしいのは大浴場の壁を飾る美しいステンドグラス。その絵柄はなんと"富士山"。遠い台湾の地においても、温泉に浸かりながら富士山を仰ぎ見たいという日本人の「気概」が伝わってきます。

温泉公園〜地熱谷エリア

博物館を過ぎると、右側に**瀧之湯**（台北市北投区光明路244）が見えてきます。日本時代から続く大変貴重な日本式銭湯です。北投を訪れた際には、ぜひともここで極上の泉質を体感してください（入浴料150台湾元）。老朽化が進んでいたため修復工事が施されていましたが、2017年にリニューアルオープンしました。脱衣所や洗い場などは改装されましたが、基本的には戦前の外観・内装を保存しています。

瀧之湯の庭には**皇太子殿下御渡渉記念碑**があります。これは裕仁皇太子の行啓を記念し、かつて公園内に建てられていました。戦後、国民党軍が「日本帝国主義の残滓」を破壊していた頃、瀧之湯の関係者が夜陰に紛れてこの記念碑を運び込み、庭に隠したといわれています。

水着で入浴する和風の公共露天浴場**千禧湯**（北投区中山路6号）の隣には、資料館・観光案内所として一般公開されている日本家屋、**梅庭**（北投区中山路6号）があります。1930年頃の建築といわれていますが、詳しいことは判明していません。戦後は政治家であり、また書道家として著名な于右任（1879〜1954）の別荘となったため、史跡として修復保存されています。梅庭を過ぎると、湯気が立ちこめる**源泉池地熱谷**が間近に迫ってきます。

①瀧乃湯／②皇太子記念碑／③梅庭／④地熱谷

上北投（温泉路・幽雅路）エリア

　地熱谷から少し山側に入ったところに**普済寺**（旧：鉄真院、台北市北投区温泉路112号）があります。日本時代の姿を完全に留めており、台湾でも希少な寺院の一つです。現在の本堂は1934（昭和9）年に建立され、前述の于右任による扁額が掛けられています。台湾総督府鉄道部の関係者がつくった寺院であり、境内には日本・台湾・満州の鉄道開拓に大きな貢献をした台湾総督府鉄道顧問の村上彰一（1857～1916）を偲ぶ石碑が遺されています。

　普済寺から北投文物館に至る温泉路・幽雅路エリアは、かつて「上北投」と呼

普済寺（旧鉄真院）

ばれていました。今でも多くの日本時代建築が現役の住宅として残っています。史跡に指定されている**台湾銀行宿舎**（1920年代、北投区温泉路130号）や、蒋介石の日本軍事顧問団「白団」メンバー

①台銀宿舎／②糸賀邸／③吟松閣／④北投文物館

の**糸賀公一邸**（白團舊址、北投区温泉路144号）などはいずれも日本式住宅です。**吟松閣**（休業、北投区幽雅路21号）や**星乃湯**（逸邨大飯店、廃業、北投区温泉路140号）などは日本時代から最近まで温泉ホテルとして活躍していました。これらの旅館建築には、時に見とれてしまう美しい日本庭園も遺されています。

温泉街の最も奥に位置する**北投文物館**（北投区幽雅路32号）は、かつて**佳山旅館**（1921年創業）と呼ばれた温泉旅館で、書院造の日本建築を完全にとどめています。1920年代以降は日本陸軍の保養所として使用され、太平洋戦争中には特攻隊員の宿泊所であったともいわれています。現在は日本文化や温泉文化を紹介する資料館・イベントスペースとして開放されています。さらに奥にはかつての軍閥、**張学良**（1901～2001年）が軟禁されていた邸宅がレストラン・温泉施設として残されています（**少帥禪園**、北投区幽雅34号）。

こうした日本時代の空気を肌身に感じられる上北投エリアには急な坂もありますので、路線バスで登って徒歩で下るのも良いでしょう。

中心新村エリア

MRT北投駅から公園方向ではなく、北東側の坂道（泉源路）を登っていくと**逸仙国民小学校**があります。ここに2017年まで子供たちを見守る一対の狛犬がありました。これらは日本統治時代、北投温泉博物館向かいの斜面（現在の児童公園一帯）に鎮座していた**北投神社**（1930年造営）の**狛犬**たちでした。戦後、神社が破壊されましたが、狛犬は住民の手によって保護され、子供たちの守り神として保存されてきました。しかし、残念なことに2017年5月、八田與一像を破壊した過激派の元市議らによってこの狛犬も破壊され、大きな社会問題となりました。

小学校からさらに奥へ進むと、台湾で唯一の「温泉眷村」である**中心新村**（北投区新民路22巷付近）があります。「眷村」は戦後大陸人が入植した村のことで、ここは台北でも数少ない現役の眷村です。

そして村の中心にあるのが**三軍總醫院北投分院**（北投区中心街1号）内の日本時代建築群です。ここはかつて、あの国際的画家「藤田嗣治」の父、藤田嗣章（台湾兵站軍医部長　1854～1941年）によって1898（明治31）年に設置された**陸軍衛戍療養院北投分院**でした。戦後は国民党軍の「三軍総病院北投分院」となり現在に至ります。古蹟として保存されている日本建築の病棟は1910（明治43）年に建設され、1933（昭和8）年に今の姿に改修、戦後は「**向陽學苑**」と呼ばれていました。その後廃墟となり、1998年に市の古跡に指定された後も放置さ

①逸仙小学校狛犬（2017.4）／②逸仙小学校現状（2018.6）／③中心新村／④陸軍衛戍療養院北投分院

したが、2012～2013年に大規模修復が行われ、現在は軍兵院附属の資料館として公開されています。

このように、北投という温泉地は、日本時代の遺構も、戦後の眷村もどちらも等しく台湾の歴史の側面であることを認識できる場所になっています。

2　陽明山温泉

陽明山温泉は、広義には陽明山国家公園（日本時代は大屯国立公園と呼ばれた）周辺に広く分布する冷水抗・馬槽・焿子坪・紗帽山・八煙・金山などの温泉郡の総称です。広大な山間にいくつもの温泉地が点在する姿は、日本の箱根を想像してもらうと良いでしょう。

この中でも陽明山前山・後山公園周辺は「草山温泉」として1900年頃から開発が始まった歴史ある温泉地です。1914（大正3）年に初の公共浴場ができると、警察や逓信省の保養所が次々と設置されました。1920（大正9）年にはバス路線が開通し、北投温泉と並ぶ台北の奥座敷として繁栄を迎えました。

1923（大正12）年には草山御賓館に行啓中の裕仁皇太子が滞在し、1935年の「始政四十年記念博覽會」（台湾博覧会）

では、台北のメイン会場に次ぐ規模の草山分館が設置されました。

日本の撤退後、多くの高級別荘があった草山は明代の儒学者「王陽明」(1472～1529)の名から陽明山と改名され、国民党政府の重要な保養地となりました。1966年には台湾博覧会の跡地に孫文生誕100年を記念した中山樓が建てられ、1985年には国家公園に制定されています。

今でこそ日本人にはあまり知られていない温泉地ですが、日本時代も戦後も台北を代表するレジャースポットだったのが陽明山温泉です。

前山公園エリア

台北から路線バスで約60分、「陽明山」バス停(日本時代の草山バスターミナル)がある前山公園エリアが陽明山の中心地です。

このバス停の目の前にある**國際大旅館**(1952年開業)(陽明山湖山路1段7号)は、日本時代の警察官保養所を利用する貴重な歴史遺産です。和洋折衷の石造り(木骨石造建築・陽明山日式建築)の館内には温泉付の和室もあり、随所に日本時代の名残を見ることができます。大浴場の真っ白な湯は"一浴の価値あり"です。

バス停から西側に下ると**台北教師研習中心**(北投区陽明山建國街2号)があります。ここはかつて広大な浴場を誇ったレ

①

②

③ ④

①國際大旅館外観／②大浴場／③台北教師研習中心／④巴旅館

ジャー施設**衆楽園浴場**（1926年開業）で、戦後陽明山市庁舎を経て現在は台北市の古蹟として木骨石造りの姿そのままに保存・利用されています（残念ながら浴場は失われました）。

さらに西側にあるのが、**草山御賓館**（旧：御休憩所、士林区新園街1号）です。1923（大正12）年に裕仁皇太子が行啓の際に滞在し、戦後は蒋介石も使用したといわれています。台北市古蹟に指定されてはいるものの、木造の母屋はほとんど損壊し、門扉も堅く閉ざされています。修復計画が進められており、早期の復元・保存が待たれています。

草山御賓館から橋を挟んだ川沿いに**衆楽園別館**（士林区陽明路1段76号）が見えます。いくつか建てられた衆楽園の一施設で、台北州庁の温泉宿舎として使われたようです。近年修復がなされ、庭園も非常に良い状態で残されていますが、一般公開はされていません。

衆楽園別館の隣、**草山派出所**（士林陽明路1段66号）も日本時代の建築であり、この周辺には**山梅旅館、巴旅館、台湾銀行宿舎、台湾土地銀行宿舎**をはじめとした日本建築が多く見られます。園内に「イヨ浄瑠寺」（ママ）と書かれた石仏が残っています。大正時代に日本人によって企画された台北新四国八十八箇所の第46番札所「浄瑠璃寺」の薬師如来石仏です。

前山公園の東側、郵便局前に**草山防空洞**（北投区紗帽路114号）と呼ばれる防空壕があります。1954年に造られた円錐形の特殊な防空壕は、非常時に総統指令部として使われる予定だったそうです。

①草山御賓館前／②衆楽園別館／③衆楽園の石／④草山防空洞

中山樓エリア

　前山公園の北側にある巨大な建物と広大な敷地は**中山樓**とその付帯施設です。かつて日本の台湾統治40年を記念した「台湾博覧会」では、台北の本会場に次ぐ大展示場でした。1966年に孫文生誕100年を記念して中山樓が建設されて以来、国民党大会や集会に利用されてきました。100台湾元札にも描かれているので見たことのある方も多いでしょう。円形講堂はかつて**台湾博覧会草山分館（観光館）**のあった場所に建てられています。**介壽堂**と呼ばれる建物の前は草山温泉の湧水地（源泉）で、泥のような白い湯川に沿って温泉街のほうへ下っていくと、日本建築群が見えてきます。かつてこの周辺には郵便局・水道局などの宿舎や病院施設がありました。

中山樓

源泉（介壽堂）

後山公園エリア

　後山公園エリアは前山公園の北西にある眺望の良い区域です。日本時代「大庄」と呼ばれたこのエリアは陽明山バス停から金山へ抜ける山道の途中にあり、**台湾土地銀行招待所**（旧：半田別荘）を始めとした日本時代の宿舎や邸宅が今も住宅や招待所として使用されています。

　洋風白壁の**台湾銀行招待所**（戦後築）を目印に山道から少し山を登った左右にある**台湾電力招待所「別館」**と「**倶楽部**」の保存状態は見事です。特に台電の幹部向け別荘であった「別館」（1939年築）は書院造の母屋のほか庭園も定期的に手入れがされており、このあたり一帯は往時と変わらぬ姿を残しています。

　山道の反対側へ下ると、**台湾大学宿舎**（旧：台湾帝大倶楽部）・**学長舎**などの住宅が、急な斜面に沿って建てられています。多くの日本人がこの場所から台北の景色を眺め、さまざまな思いにふけったのでしょう。

　後山公園の南側、コインパーキング周辺は1920年頃に台湾製糖の別荘地として開発されました。戦後に蔣介石と宋美

①台湾土地銀行招待所／②台湾電力招待所／③台湾大学長舎／④草山行館

齢夫人の別邸として使用された**草山行館**（北投区湖底路89号）は、2007年に焼失したものの復元され、レストラン・資料室として開放されています。レストランからの景色は素晴らしく、蒋介石夫妻が愛用したのもうなずけます。

別荘地のほかの建物も**草山國際藝術村**や**AIT（米国在台湾協会）日本之家**として修復・保存されていますが、残念ながら**AIT招待所**と呼ばれる日本建築は倒壊したままになっています（2018年現在）。

また、「花時計」で知られる**後山公園**（北投区湖山路2段26号）内に一基の**鳥居**が残存しています。後山公園はかつて炭鉱経営者山本義信（1881～1969年）が造成した「**羽衣園**」と呼ばれる100万坪の巨大庭園でした。公園の南側の道を登っていくと、山本の別荘が二棟、台北市政府の招待所として残されています。さらに奥へ歩を進めると、青々とした樹木の間にぽつんと鳥居が見えてきます。かつて山本が炭坑の安全と繁栄を祈願して設置した**清瀧神社の鳥居**です。鳥居の周辺には案内板もなく、玉垣や基壇も残されていません。そこには忘れられた日本がひっそりと佇んでいました。

山本庭園の鳥居

金山エリア

「草山」から、いずれも日本時代に開発された「冷水抗」「馬槽」などの温泉地を抜け、山を越えると金山(きんざん)温泉に出ます。ここは台湾総督府の保養所として開発されました。市内には**旧総督府温泉**や**テレサ・テン（鄧麗君）の墓苑**などがあります（→ 140ページ）。

最後に、**海軍将士戦死の碑**を紹介します。淡水と金山を結ぶ海岸線から陽明山へ南下した山中にある「尖山湖登山道」の出口側から、徒歩で15分ほど山を登った場所に「海軍将士戦死の碑」があります。これは1937年11月26日の重慶爆撃から帰投中、陽明山に墜落した海軍九七式陸上攻撃機の搭乗員7名を追悼した慰霊碑です。戦前は台北市主宰の慰霊祭が行われていましたが、戦後は忘れ去られていました。しかし近年、周辺が開発される際に石碑が発見され、中文の解説板とともに登山客の休憩所として整備されたのです。

かつて中華民国の都市を焦土にした兵士たちが、現在の台湾で祀られ保存されているこの事実は、みなさんが台湾と日本の歴史を考えるきっかけになるでしょう。

海軍将士戦死の碑

参考文献

大橋健一「「再創造される「温泉文化」台湾北投温泉の変遷をめぐって」『交流文化』立教大学観光学部編, 09:20-27, 2009

郭中端　他『陽明山國家公園　日式温泉建築調査研究』内政部榮建署陽明山國家公園管理處委託研究報告, 2003

郭中端　他『陽明山國家公園　日式温泉建築解説及保存規則』内政部榮建署陽明山國家公園管理處委託研究報告, 2004

片倉佳史「北投温泉を歩く-1」『交流』858:13-22, 2012

片倉佳史「北投温泉を歩く-2」『交流』860:17-27, 2012

片倉佳史「草山（陽明山）を歩く」『交流』862:20-28, 2013

坂井洋「日本統治期台湾における北投・草山温泉の開發」『温泉地域研究』27:1-10, 2016

張彗君「北投休憩空間演化的機制及歷程」作新大學管理學院觀光學系碩士學位論, 2009

張廷碩他「「三軍總醫院北投分院」今昔興與台灣精神醫學發展史」『臺灣醫界』60:48-51, 2017

林芬郁「公園・浴場：新北投之文化地景詮釋」『地理研究』62, 2015

金門島

対立から交流へと向かう両岸関係の最前線

敵の海岸上陸を阻止する障害杭。

金門島から見た中国厦門の高層ビル群。手前に見える建設中の橋は金門島と小金門島を結ぶ予定。

空港のような中国厦門の五通旅客ターミナル。ここから高速船で金門へ。

厦門―金門は160人民元。以前では考えられなかった。

　中華民国（台湾）が実効支配する金門島と中国大陸との間は、最も接近しているところでは2キロしか離れていない。しかし、このわずかな海峡を越えて両岸を往来することは、長い間不可能であった。

　1949年10月には解放軍（共産党軍）が厦門から金門島を襲撃したが、蒋介石率いる国民党軍はこれを撃退した（古寧頭戦役）。1958年には膨大な数の砲弾が大陸から撃ち込まれた（八二三砲戦）。今も島の至る所に軍事施設が残る。また、頻繁にすれ違う軍人の姿は、依然としてここが最前線であることを感じさせる。

　しかし近年、金門島の位置づけが変わってきた。例えば2018年8月5日、中国福建省の龍湖ダムから金門島までを全長28キロ（海底部分は16キロ）の水道パイプラインが結んだ。これにより、金門島の慢性的な水不足が解消されると期待する声が多い。一方では、金門島のライフラインを中国が握ることに懸念する声も根強く残る。

厦門ー金門の船から見た障害杭。

金門に到着。今は平和的に上陸できる。高速船で30分。便数も多く日帰り可能。

解放軍を苦しめたアメリカ製M5軽戦車「金門之熊」。

古寧頭の戦場跡に続く道。

金門島は、警戒心を抱きつつ、中国に対する依存度を高める選択をした。この姿は、中台関係の構図を映し出している。

小三通とカジノ——両岸交流のトランスポート・ハブとなった金門島

古寧頭戦役60周年式典があった2009年、金門島は新たな両岸対立の舞台となった。原因は、台湾の離島にカジノ設置を認める統合型リゾート（IR）法案であった。

金門島はカジノ建設の有力地であった。カジノができれば、厦門から大金を持った中国人が押し寄せ、高粱酒の生産に頼っていた金門島経済が活性化すると期待された。

しかし中国は富の一方的な流出になると反対した。マカオもライバル出現を拒んだ。そこで中国は「カジノが設置された離島には中国人を渡航させない」と圧力をかけた。さらには「小三通」（2001年に始まった大陸と台湾離島間の交流）の大幅制限にも言及した。

カジノ設置の条件であった住民投票が2017年10月、金門島で実施された。結果は9割以上が「反賭」（カジノ反対）であった。島民はカジノより小三通を優先したのであった。

今の金門島は両岸交流のトランスポート・ハブである。例えば台湾人が福建省に出張する際、国内線で金門島まで飛び、高速フェリーに乗り替えて厦門に向かう。この「小三通ルート」は安く便利ですっかり定着している。金門と厦門

「北山共軍指揮所」。古寧頭の戦いで解放軍に一時占拠された。銃弾の跡が生々しい（金門縣金寧郷古寧村）。

お土産の代表格「金門包丁」。中国から飛来した砲弾が材料。材料費がかからないため値段はお手頃。

「瓊林戰鬥坑道」。地下トンネルは至る所に残り、戦時中の空気を伝えている（金門縣金湖鎮瓊林）。

を結ぶ高速フェリーは朝8時から午後5時30分まで30分間隔で運航している。中国入境に必要な簽注（ビザの一種）も2015年7月に廃止された。この年、中国人も金門、馬祖、澎湖の到着時に臨時ビザ（臨時入境停留）を申請できることになった。

こうして、2017年は過去最高の175万人が両岸から金門島に来た（台湾人101万人、中国人70万人）。両岸の交差点としての地位をカジノで失うわけにはいかなかった。

金門島から東南アジアに羽ばたいた華僑

金門島を歩くと戦跡に目を奪われる。しかし、伝統家屋にも注目したい。閩南式の建築様式は、福建省廈門、泉州、漳州などから伝わった。金門島各地の集落（聚落）はこうした伝統家屋が残るのでぜひ訪ねたい。長らく戦地であったため、開発が進まず、結果として歴史的建築を守ったのである。

金門島では洋風建築も目にする。最も有名なのは陳景蘭（1881-1943年）の邸宅である。陳は1881年に生まれ、20歳でシンガポールにわたり、一財を成した金

門華僑であった。

　金門島は華僑を多く輩出した僑郷として有名である。移住先としてはシンガポール、マレーシア、インドネシアなど東南アジアに多い。東南アジアの中華街で閩南語（福建省の言葉の一つ。台湾本省人が使う「台湾語」のルーツ）がよく通じる理由でもある。

　彼らは成功すると、金門島に立派な洋館を建てた。また、後進のために学校を設立した。こうして故郷に錦を飾った。金門島に洋館が多いのはこうした理由がある。

　日本人が金門島を訪ねると、台湾本島との違いを感じる。日本統治時代を経験していないため、日本の建築が見られないからである。また、日本人に対する特別な親近感も感じられない。

　何よりも金門人は、時として「台湾人」と呼ばれることに戸惑う。金門島は「台湾（省）」ではなく、あくまでも建前としては「中華民国福建省」だからだ。福建省政府庁舎もある。もっとも福建人とも思っていない。金門島の人々はあくまでも金門人である。台湾とも中国とも異なる金門島の人たちのアイデンティティーをぜひ現地で感じてほしい。

参考文献
　川島真『中国のフロンティア—揺れ動く世界から考える』岩波新書、2017年

「陳景蘭洋樓」。1921年の建築。古寧頭の戦いでは「官兵休假中心」となり、八二三砲戦でも損傷した（金湖鎮環島南路三段）。

福建省政府の庁舎。もっとも、実質的な行政は金門県政府が行う。

金門島の隠れた名産である牛。島の至る所にいる。

《著者紹介》

藤田賀久（ふじた のりひさ）

1973年神戸市生まれ。
学歴：上智大学外国語学部ポルトガル語学科卒業、The George Washington University 修士課程修了（M.A., East Asian Studies, Elliott School of International Affairs）、上智大学大学院グローバル・スタディーズ研究科国際関係論専攻博士後期課程満期退学。
経歴：日中貿易商社、（公財）東京財団研究事業部、国会議員政策担当秘書、（一財）日本総合研究所理事長室付研究員、上智大学非常勤講師等を経て、現在は多摩大学・文教大学非常勤講師、慶熙大学校附設国際地域研究院日本学研究所客員研究員、日本国際文化学会幹事。オフィス・クロスポイント主宰
研究関心領域は東アジア近現代史、国際関係論。主要著書に「『中国人の心』を巡る国際競争──近代日本の対華文化・宗教進出」（『中国21』第31号、2009年）など。

《寄稿者紹介》

大谷優介（おおたに ゆうすけ）

1989年東京生まれ。静岡大学人文学部卒、東京工業大学大学院社会理工学専攻修了。専門はデジタルヒューマニティーズ（人文情報学）。日本植民地下の「邦楽」を地理情報システムを用いて調査し『両大戦期の東アジアにおける近代琵琶の展開と動向──『琵琶新聞』のデータベース化と地域比較──』にて学位取得。私立大学職員、温泉メディア「Yutty!」記者・編集長を経てフリーランス。温泉に入りつつ台湾の日本時代建築を巡ることをライフワークとしている。ブログ「Daiya Trip」を運営（http://daiyatrip.work/）

平賀 匡（ひらが たすく）

1977年東京生まれ、台北在住。早稲田大学法学部卒業後、民間企業を経て上智大学大学院史学専攻博士後期課程満期退学。現在は国立政治大学文学院で日中関係史を研究する。日本と台湾の鉄道に造詣が深く、これまでに雑誌や書籍等に提供した鉄道写真は2,000枚を超える。政治大学交響楽団ではヴァイオリン演奏で日台交流に貢献している。ウェブページ「Tasuku's railway Photo Gallery」を運営（http://railwaytasuku0420.web.fc2.com/）

スタディーツアーガイド ①

台湾へ行こう！
見えてくる日本と見えなかった台湾

2018 年 10 月 31 日 初版第 1 刷発行

- ■著者　　藤田賀久
- ■発行者　塚田敬幸
- ■発行所　えにし書房株式会社
　〒102-0074　東京都千代田区九段南 2-2-7 北の丸ビル 3F
　TEL 03-6261-4369　FAX 03-6261-4379
　ウェブサイト　http://www.enishishobo.co.jp
　E-mail info@enishishobo.co.jp
- ■印刷／製本　モリモト印刷株式会社
- ■DTP・装幀　板垣由佳

ⓒ 2018 Norihisa Fujita　ISBN978-4-908073-57-1　C0022

定価はカバーに表示してあります。
乱丁・落丁本はお取り替えいたします。
本書の一部あるいは全部を無断で複写・複製（コピー・スキャン・デジタル化等）・転載することは、
法律で認められた場合を除き、固く禁じられています。

周縁と機縁のえにし書房

978-4-908073-02-1 C0022

朝鮮戦争
ポスタルメディアから読み解く現代コリア史の原点

内藤陽介 著／2,000 円＋税／A5 判 並製

「韓国／北朝鮮」の出発点を正しく知る！
　ハングルに訳された韓国現代史の著作もある著者が、朝鮮戦争の勃発―休戦までの経緯をポスタルメディア（郵便資料）という独自の切り口から詳細に解説。退屈な通史より面白く、わかりやすい内容でありながら、朝鮮戦争の基本図書ともなり得る充実の内容。

978-4-908073-48-9 C0021

満州天理村「生琉里」の記憶
天理教と七三一部隊

エィミー・ツジモト 著／2,000 円＋税／A5 判 並製

宗教教団は積極的に国策に協力することで布教と組織の拡大を図った……。知られざる実態と驚くべき史実を、元開拓団員の赤裸々な証言から明らかにする問題作。一宗教団体を超え「宗教と戦争」のあり方を考えさせる異色の満州本。

978-4-908073-49-6 C0021

〈復刻版〉満洲『天理村十年史』

天理教生琉里教会 編／12,000 円＋税／A5 判 上製

満洲研究に欠かせない実証的データ満載の幻の書籍、復刻！　天理教による満州「天理村」建設の前夜から10年間の運営の実情を写真・図版具体的な数値を伴う表などで詳細に記録した第一級資料。
現地調査などを踏まえた研究者による詳細な解説「天理村の概要とその特徴」（長谷川怜）を増補。